AF881363

Sabine Ferber

Strafkammerbericht

Fakten und Folgerungen aus einer rechtstatsächlichen Untersuchung landgerichtlicher Strafverfahren (2009–2014)

herausgegeben vom Oberlandesgericht Celle

Nomos

Die Deutsche Nationalbibliothek verzeichnet diese Publikation in der Deutschen Nationalbibliografie; detaillierte bibliografische Daten sind im Internet über http://dnb.d-nb.de abrufbar.

ISBN 978-3-8487-2728-5 (Print)

ISBN 978-3-8452-7072-2 (ePDF)

1. Auflage 2017

© Nomos Verlagsgesellschaft, Baden-Baden 2017. Gedruckt in Deutschland. Alle Rechte, auch die des Nachdrucks von Auszügen, der fotomechanischen Wiedergabe und der Übersetzung, vorbehalten. Gedruckt auf alterungsbeständigem Papier.

Vorwort

Der Strafprozess ist ein wichtiger Gradmesser für die Funktionsfähigkeit der deutschen Justiz. Strafverfahren stehen im Fokus der Öffentlichkeit und der Medien. Meldungen der Presse über aufgehobene Haftbefehle, Freilassungen von Angeklagten oder überlange Verfahrensdauern werfen ein ungünstiges Licht auf die Strafjustiz. Die Gerichte verfügen häufig nicht über den notwendigen „langen Atem", um in Umfangsverfahren und auch in komplizierten Wirtschaftsstrafverfahren den Sachverhalt umfassend aufzuklären und allen Anträgen und Angriffen der Verteidigung bis zur hundertprozentigen Aufklärung nachzugehen. Sie müssen sich teils auf einen Kompromiss einlassen, der möglicherweise dem Unrechtsgehalt der angeklagten Straftaten nicht ausreichend Rechnung trägt. In der Praxis bereitet nicht nur die Auslastung der Strafkammern mit Haftsachen und deren Bewältigung als solche große Sorge, sondern auch die Tatsache, dass die Nichthaftsachen aus den Terminkalendern verdrängt werden und zu lange dauern. Die erhebliche Belastung der Landgerichte in den Strafkammern wirkt sich zudem auf die Amtsgerichte aus. Je langsamer die Strafkammern vorankommen, desto eher neigen die Staatsanwaltschaften dazu, die Anklagen zu den Amtsgerichten zu bringen, weil dort eine raschere Verfahrensbeendigung erwartet wird. Das führt dazu, dass viele Verfahren, die früher beim Landgericht angeklagt wurden, nunmehr beim Amtsgericht abgearbeitet werden müssen, wofür diese nicht bestimmt sind. Über die Verantwortung für solche Entwicklungen wird vielfach zwischen Justiz und Politik diskutiert. Von der gerichtlichen Praxis stetig erhobene Forderungen nach besserer Personalausstattung werden von der Politik nicht selten mit dem Appell an die Gerichte zu effektiverer Organisation erwidert. Nicht bedacht wird dabei, dass die Gerichte mit einem überaus komplizierten und starren System der Gerichtsorganisation und Geschäftsverteilung gefesselt sind. GVG und StPO lassen nur wenig Spielraum für flexible Geschäftsverteilungen und eine Effektivierung der Strafverfahren. Das Prinzip des gesetzlichen Richters ist in überzogener Weise ausgefeilt und hat sich jenseits seiner wahren Schutzfunktion zu einem der wesentlichen Hemmnisse einer wirksamen Strafjustiz entwickelt. So hängen zum Beispiel schon kleinste Abweichungen in der Kammerbesetzung wie ein Damoklesschwert über dem Verfahren und können zur Aufhebung und

Zurückverweisung führen. Forderungen aus der Richterschaft nach gesetzlichen Änderungen, wie sie beispielsweise die Präsidentinnen und Präsidenten der Oberlandesgerichte oder der bundesweite Strafkammertag Hannover 2016 erhoben haben, blieben indessen bisher ungehört.

Die geschilderten Umstände stellen ein bundesweites Phänomen dar. Aus diesem Grund hatte die Konferenz der Präsidentinnen und Präsidenten der Oberlandesgerichte, des Kammergerichts und des Bundesgerichtshofs eine Arbeitsgruppe eingesetzt, die sich mit der Situation der Strafkammern beschäftigt. Die Arbeitsgruppe hat eine umfangreiche Datenerhebung über mehrere Jahre auf den Weg gebracht, deren Ergebnisse auszuwerten waren.

Mit dem „Strafkammerbericht" liegt nunmehr eine breit angelegte Untersuchung und Strukturanalyse des deutschen Strafprozesses vor. Durch die Beteiligung einer großen Zahl von Landgerichten kann sich die Untersuchung auf einen enormen Fundus von Daten stützen und gelangt zu einer hohen Validität und Aussagekraft. Die Untersuchung belegt die Vielfalt der Verfahrensgestaltung an den Landgerichten. Ihre Kernbotschaft ist indessen die Untermauerung der Forderung, der Strafjustiz die zur Erfüllung ihres Auftrags benötigten Mittel zu geben, sei es durch notwendige Reformen, sei es durch Personalressourcen. Die Botschaft richtet sich nicht nur an die Justizpolitik, sondern auch an Präsidien und Gerichtsverwaltungen, die sich mit dem Personaleinsatz befassen.

Zur Sicherung unseres demokratischen Rechtsstaats gehört eine ausreichende Ausstattung der Strafjustiz. Die Untersuchung bestätigt die Befürchtungen und Sorgen um einen effektiven Strafprozess. Stetig wachsende Komplexität der Verfahren, die gesteigerte Dauer von Hauptverhandlungen oder die gewährten Vollstreckungsabschläge sind belegte Fakten.

Frau Vorsitzender Richterin am Oberlandesgericht Dr. Sabine Ferber gebührt Dank für ihre kompetente Konzeption und Begleitung der Strafkammerdatenerhebung und deren Auswertung in der vorliegenden Untersuchung. Mein Dank gilt ebenso allen weiteren Mitwirkenden, insbesondere den anderen Oberlandesgerichten, die zu der Datenerhebung beigetragen haben, und den Angehörigen der beteiligten Gerichte, die den Aufwand der Datenerhebung geleistet haben.

Celle, im Juli 2017
Peter Götz v. Olenhusen
Präsident des Oberlandesgerichts Celle

Inhaltsverzeichnis

Abkürzungsverzeichnis

a.a.O.	am angegebenen Ort
Abs.	Absatz
AKA	Arbeitskraftanteil
Art.	Artikel
ASE	Aserbaidschan
Aufl.	Auflage
BGBl.	Bundesgesetzblatt
BGH	Bundesgerichtshof
BGHSt	Entscheidungen des BGH in Strafsachen
B.	Beschluss
BMJV	Bundesministerium der Justiz und für Verbraucherschutz
BR-Drs.	Bundesratsdrucksache
BVerfG	Bundesverfassungsgericht
BVerfGE	Entscheidungen des Bundesverfassungsgerichts
bzw.	beziehungsweise
Dr.	Doktor
DRiG	Deutsches Richtergesetz
DRiZ	Deutsche Richterzeitung (Zeitschrift)
EGMR	Europäischer Gerichtshof für Menschenrechte
EMRK	Europäische Menschenrechtskonvention
etc.	et cetera
FAZ	Frankfurter Allgemeine Zeitung
ff.	fortfolgende
GG	Grundgesetz
Ggf.	gegebenenfalls
GVG	Gerichtsverfassungsgesetz
Hrsg.	Herausgeber
incl.	inklusive
KG	Kammergericht
KK	Karlsruher Kommentar
LG	Landgericht
LR	Löwe- Rosenberg, StPO-Großkommentar
NdsRpfl.	Niedersächsische Rechtspflege (Zeitschrift)
NJW	Neue Juristische Wochenschrift (Zeitschrift)
NStZ	Neue Zeitschrift für Strafrecht (Zeitschrift)
NSU	Nationalsozialistischer Untergrund
PEBB§Y	Personalberechnungssystem
PL	Polen
Prof.	Professor
Pwc	PricewaterhouseCoopers AG
OLG	Oberlandesgericht
R	Russland
Rn	Randnummer
s.	siehe
S.	Seite
s.o.	siehe oben
StA	Staatsanwaltschaft

StGB	Strafgesetzbuch
StPO	Strafprozessordnung
StraFo	Strafverteidiger Forum (Zeitschrift)
StV	Strafverteidiger (Zeitschrift)
s.u.	siehe unten
TÜ	Telefonüberwachung
U.	Urteil
v.	von
vgl.	vergleiche
z.B.	zum Beispiel
Ziff.	Ziffer

Literaturverzeichnis

Dölling/Feltes, Die Dauer von Strafverfahren vor den Landgerichten, v. Dieter Dölling, Thomas Feltes, Jörg Dittmann, Christian Laue und Ulla Törnig, hrsg. vom Bundesministerium der Justiz, Köln 2000

Endgutachten PEBB§Y I, hrsg. v. Justizministerium Baden-Württemberg, 2002

Graf, Strafprozessordnung, hrsg. v. Jürgen Peter Graf, 2. Aufl., München 2012

KK/Bearbeiter, Karlsruher Kommentar zur Strafprozessordnung, hrsg. v. Gerd Pfeiffer, 7. Aufl., München 2013

Kissel/Mayer, GVG Gerichtsverfassungsgesetz, begründet von Otto Rudolf Kissel, fortgeführt v. Herbert Mayer, 8. Aufl., München 2015

Löwe-Rosenberg-Bearbeiter, Die Strafprozessordnung und das Gerichtsverfassungsgesetz, Großkommentar, hrsg. v. Volker Erb, Robert Esser, Ulrich Franke, Kirsten Graalmann-Scheerer, Hans Hilger, Alexander Ignor, 26. Aufl., Berlin, Boston 2012

Löwe-Rosenberg-Bearbeiter, Die Strafprozessordnung und das Gerichtsverfassungsgesetz, Großkommentar, hrsg. v. Jörg-Peter Becker, Volker Erb, Robert Esser, Kirsten Graalmann-Scheerer, Hans Hilger, Alexander Ignor, 27. Aufl., Berlin, Boston 2016

Meyer-Goßner, Strafprozessordnung, erl. von Lutz Meyer-Goßner und Bertram Schmitt, 60. Aufl., München 2017

Schmidt-Bleibtreu/Klein-Bearbeiter, GG Kommentar zum Grundgesetz, begründet von Bruno Schmidt-Bleibtreu und Franz Klein, hrsg. v. Hans Hofmann und Hans-Günter Henneke, 13. Aufl., Köln 2014

von Münch/Kunig, Grundgesetz, begründet von Ingo von Münch, hrsg. v. Philip Kunig, 6. Aufl., München 2012

1. Teil: Zur Rechtswirklichkeit erstinstanzlicher Strafverfahren – Eine Datenerhebung bei 22 Landgerichten

1. Zum Hintergrund der Datenerhebung

1.1 Jahrestagung der Konferenz der Präsidentinnen und Präsidenten der Oberlandesgerichte, des Kammergerichts und des Bundesgerichtshofs im Mai 2008

Die Konferenz der Präsidentinnen und Präsidenten der Oberlandesgerichte, des Kammergerichts und des Bundesgerichtshofs hatte auf ihrer Jahrestagung im Mai 2008 in Berlin eine Arbeitsgruppe ins Leben gerufen, die den Auftrag hatte, Erhebungen zum Zustand der Strafkammern zu machen. Dies erfolgte vor dem Hintergrund, dass die Situation der erstinstanzlich tätigen Strafkammern der Landgerichte an vielen Standorten geprägt war (und ist) durch eine Vielzahl von Haftsachen, die vorrangiger Bearbeitung bedürfen und zu Rückständen bei den übrigen Verfahren führen. Vielerorts hatte sich daher bereits damals in zunehmender Weise die Erkenntnis durchgesetzt, dass der Personaleinsatz in den großen Strafkammern jedenfalls nicht nach dem sonst innerhalb der Justiz geltenden Personalbedarfsberechnungssystem PEBB§Y erfolgen kann, weil dieses offensichtlich keine ausreichenden Anhaltspunkte für die tatsächliche Belastung der Strafkammern liefert, dennoch aber jedenfalls grundsätzlich die Grundlage für die Personalausstattung der Justiz bildet.[1] Die Arbeitsgruppe sollte daher nicht nur eine Bestandsaufnahme durchführen, sondern

---

1 Zu dieser Erkenntnis lässt sich bereits aus dem Endgutachten „PEBB§Y 1" zitieren, das 2002 vom Justizministerium Baden-Württemberg herausgegeben wurde. Dort heißt es (Seiten 114, 115): „Im Strafbereich (der Landgerichte) bietet sich ein differenziertes Bild: Für den Großteil der Geschäfte ... lassen sich valide Bewertungszahlen ableiten. In vier Geschäften (Wirtschaftsstrafsachen, Schwurgerichtssachen, Jugendsachen und Strafvollstreckungskammersachen) ist die Anzahl der in die Erhebung eingeflossenen Verfahren so gering, dass nicht mit hinreichender Sicherheit ein Pensum zu ermitteln ist. ... (In diesen Sachen) empfiehlt Andersen *(Anmerkung: mit der Erstattung des Gutachtens war die Firma Arthur Andersen Business Consulting GmbH beauftragt worden)* daher die Bemessung des Personaleinsatzes nach tatsächlichem Einsatz ... Bei den zu beobachtenden Schwankungen und Unterschie-

aufgrund dieser Bestandsanalyse auch nach Ursachen für die aktuelle Entwicklung forschen und Verbesserungsvorschläge oder Abhilfemöglichkeiten entwickeln.

Im Rahmen ihrer Bestandsanalyse hat die Arbeitsgruppe der OLG-Präsidenten-Konferenz eine Datenerhebung bei den erstinstanzlichen Strafkammern der Landgerichte durchgeführt, deren Ergebnisse in diesem Buch vorgestellt werden sollen. Die Datenerhebung wurde angestoßen, weil die letzte umfassende rechtstatsächliche Untersuchung zu Strafverfahren vor den Landgerichten im Jahr 2000 veröffentlicht worden war und sich auf Verfahren aus den Jahren 1994 und 1995 bezog, nämlich die Untersuchung von Dölling, Feltes u.a..[2] Die ersten Ergebnisse aus der aktuellen Strafkammerdatenerhebung durch die Arbeitsgruppe sind auszugsweise bereits veröffentlicht worden in der Deutschen Richterzeitung.[3] Die damalige Auswertung bezog sich jedoch nur auf die Daten aus dem Jahre 2009, also auf die Daten eines einzigen Jahres. Die mittlerweile - jedenfalls vorläufig - abgeschlossene Datenerhebung hat insgesamt 5 Jahre umfasst.

Die auf der OLG-Präsidenten-Konferenz aus dem Jahre 2008 ins Leben gerufene Arbeitsgruppe hat über die in diesem Buch dargestellte Strafkammerdatenerhebung hinaus eine Befragung aller Strafrichterinnen und Strafrichter, die im Jahr 2009 in den großen Strafkammern der beteiligten Gerichte tätig waren, zu verschiedenen Aspekten ihrer Tätigkeit durchgeführt. Ferner wurde Anfang 2010 ein zweitägiger Workshop in der Nordrhein-Westfälischen Justizakademie veranstaltet, an dem rund 100 Richterinnen und Richter der beteiligten Landgerichte teilgenommen haben. Die Arbeitsgruppe hat dann auf der OLG-Präsidenten-Konferenz in Nürnberg im Jahr 2010 ihre Ergebnisse präsentiert und erste Änderungsvorschläge unterbreitet. Dies führte bereits im Jahr 2010 zu Gesetzgebungsvorschlägen der OLG-Präsidenten-Konferenz, die mit Schreiben vom 27.12.2010 der Bundesministerin der Justiz übersandt wurden, vgl. dazu 2. Teil.

---

den pro Verfahren können diese zu wesentlichen Abweichungen von einem auch statistisch validen Durchschnitt der Bearbeitungszeiten führen ...".

2 Dölling/Feltes/Dittmann/Laue/Törnig, Die Dauer von Strafverfahren vor den Landgerichten, Bundesministerium der Justiz (Hrsg), Köln 2000.

3 Arenhövel/Otte, Deutsche Richterzeitung 2010, 227 ff. und 270 ff; Weitere Teilaspekte der Erhebung zu den Wirtschaftsstrafkammern aus den ersten 3 Erhebungsjahren finden sich bei Riedel, Caseload and Weight of Cases in Special Types of Cases, in: Justice - Justiz - Giustizia, 2017/3.

Die Autorin war von Beginn an mit der Konzeption, Durchführung und Auswertung der Datenerhebung als für das Strafrecht zuständige Präsidialrätin des Oberlandesgerichts Celle befasst.

1.2 Beteiligung der Richterräte - Anonymisierte Darstellung

Die bei den großen Strafkammern erhobenen Daten sind von der Organisationsabteilung des Oberlandesgerichts Celle zusammengefasst worden. Da sich aus Niedersachsen nicht nur die Landgerichte des Bezirks des Oberlandesgerichts Celle an der Datenerhebung beteiligt haben, sondern sich bereits im Jahr 2009 das Landgericht Braunschweig ebenfalls an der Datenerhebung beteiligen wollte, ist für die Datenerhebung bereits im Jahr 2009 eine Dienstvereinbarung mit dem Hauptrichterrat der ordentlichen Gerichtsbarkeit in Niedersachsen geschlossen worden. Bestandteil dieser Dienstvereinbarung war, dass an andere Oberlandesgerichtsbezirke die Werte für die einzelnen Landgerichte Niedersachsens nur anonymisiert mitgeteilt werden dürfen. Nachdem beschlossen worden war, die Datenerhebung in den Jahren 2011, 2012, 2013 und 2014 fortzusetzen, ist jeweils auch für die Folgejahre eine Dienstvereinbarung geschlossen worden, wobei hinsichtlich der Anonymisierung in den Folgejahren nach und nach geringere Anforderungen gestellt wurden. Dies galt jedoch nur für die Auswertung der Datenerhebung innerhalb der beteiligten Gerichtsbezirke. Für die vorliegende Darstellung bedeutet dies, dass die vereinbarte Anonymisierung eingehalten werden muss. Die folgende Darstellung erfolgt also im Hinblick auf die einzelnen beteiligten Gerichte anonymisiert. Lediglich in den Bereichen, in denen Zahlen dargestellt werden, die auch aus sonst öffentlich zugänglichen Quellen verfügbar wären, erfolgt eine namentliche Nennung der beteiligten Gerichte. Im Hinblick auf die Gewährleistung der Anonymität der beteiligten Gerichte sind dabei bei den folgenden Folien stets neue Nummerierungen vorgenommen worden. Zusammenhänge und Bezüge im Hinblick auf einzelne Gerichte und zwischen einzelnen Erhebungsparametern werden im Text dargestellt.

2. Zum Umfang der Datenerhebung

2.1 Zur Art der erfassten Verfahren

Mit der Strafkammerdatenerhebung sollten grundsätzlich alle in dem jeweiligen Jahr der Datenerhebung abgeschlossenen Strafverfahren erfasst werden. Anders als in der Untersuchung von Dölling/Feltes u. a. sollten dies aber tatsächlich alle Verfahren sein, die bei dem jeweiligen Landgericht anhängig und abgeschlossen worden sind. Bei der Untersuchung von Dölling/Feltes u. a. aus dem Jahr 1994 war jedenfalls bei dreien der vier untersuchten Landgerichte eine Auswahl vorgenommen worden.[4] In der damaligen Untersuchung waren beispielsweise explizit Verfahren ausgeschieden worden, in denen die Eröffnung der Hauptverhandlung abgelehnt oder die Anklage zurückgenommen worden ist (Landgericht Dortmund), oder es ist eine Auswahl nach dem Zufallsprinzip vorgenommen worden (Landgericht Frankfurt am Main, Landgericht München I). Die vorliegende Untersuchung geht daher in der Art der erfassten Verfahren deutlich über die damals untersuchen Verfahren hinaus.

An dieser Stelle ist jedoch eine Einschränkung vorzunehmen: Faktisch dürften mit der hier dargestellten Strafkammerdatenerhebung wohl nicht alle tatsächlich abgeschlossenen Verfahren erfasst worden sein. So ist etwa bei der Auswertung der Daten aus dem Jahr 2014 aufgefallen, dass bei einem Gericht deutlich weniger Verfahren als in den Vorjahren erfasst worden sind. Ein Abgleich mit der Zählkartenstatistik hat sodann ergeben, dass tatsächlich weit weniger Verfahren für die Strafkammerdatenerhebung erfasst worden sind, als tatsächlich erledigt wurden. Da in diesem Fall die Auswertung bereits weitgehend abgeschlossen war, ist hier auch keine Nacherhebung erfolgt, sodass die Daten für dieses Jahr für dieses Gericht nur einen eingeschränkten Aussagewert haben. Jedenfalls für den Bezirk des Oberlandesgerichts Celle lässt sich jedoch festhalten, dass ein regelmäßiger Abgleich der in der Strafkammerdatenerhebung erhobenen Daten mit der Zählkartenstatistik erfolgt ist und die Gerichte bei entsprechenden Differenzen zur Nacherhebung aufgefordert worden sind. Einen institutionalisierten Mechanismus zum Abgleich der Zahlen mit der Anzahl der nach der Zählkartenstatistik erledigten Verfahren hat es jedoch auch im Oberlandesgerichtsbezirk Celle nicht gegeben. Wegen der hier er-

4 Dölling/Feltes, a.a.O., S. 97.

hobenen Stichproben im Hinblick auf einen Vergleich mit der Zählkartenstatistik besteht jedoch eine große Wahrscheinlichkeit, dass die Zahlen der Strafkammerdatenerhebung tatsächlich weitgehend die tatsächlich abgeschlossenen Verfahren widerspiegeln.

Soweit bei einzelnen Gerichten einzelne Verfahren (oder auch mehrere) nicht erfasst worden sind, mindert dies jedoch nach Einschätzung der Autorin die Aussagekraft der vorliegenden Datenerhebung insbesondere in den Bereichen nicht, in denen Entwicklungen dargestellt und aufgezeigt werden, die sich auf die Gesamtzahl der erfassten Verfahren beziehen. Gleiches gilt für die Verfahren, deren Datenerhebungsbogen nicht vollständig ausgefüllt worden ist. Auch diese Verfahren sind natürlich hinsichtlich der erfassten Daten auswertbar.

2.2 Zur Gesamtzahl der erfassten Verfahren

In allen fünf Erhebungsjahren sind insgesamt 11.573 Verfahren ausgewertet worden. Damit geht die vorliegende Datenerhebung weit über die Anzahl der Verfahren hinaus, die Gegenstand der Untersuchung von Dölling/Feltes u. a. waren. In deren Untersuchung sind nämlich nur 885 Verfahren eingegangen.[5]

2.3 Zum zeitlichen und örtlichen Umfang der Datenerhebung

Die Datenerhebung ist erfolgt in den Jahren 2009, 2011, 2012, 2013 und 2014. In diesen Jahren sind jeweils die in dem Jahr abgeschlossenen Verfahren erfasst worden. Im Jahr 2010 wurden keine Daten erhoben, da zunächst abgewartet wurde, ob die Datenerhebung im Jahr 2009 zu Erkenntnissen führen würde, die für die Praxis nutzbar gemacht werden können. Da dies allgemein bejaht worden ist, ist die Untersuchung im Jahr 2011 fortgesetzt worden, wobei sich bis zum Jahr 2013 immer mehr Gerichte angeschlossen haben. Die folgende Tabelle soll einen Überblick darüber geben, welche Gerichte im jeweiligen Jahr an der Datenerhebung teilgenommen haben (sortiert nach OLG-Bezirken):

---

5 Dölling/Feltes, a.a.O., S. 99.

Jahr	Landgerichte	Anzahl
2009	Berlin Braunschweig Bremen Bückeburg, Lüneburg, Hannover, Hildesheim, Stade, Verden Aachen, Bonn, Köln Dessau, Halle, Magdeburg, Stendal	16
2011	Berlin Braunschweig, Göttingen Bremen Bückeburg, Lüneburg, Hannover, Hildesheim, Stade, Verden Aachen, Bonn, Köln Dessau, Halle, Magdeburg, Stendal Osnabrück Flensburg, Itzehoe, Lübeck, Kiel	22
2012	Braunschweig, Göttingen Bückeburg, Lüneburg, Hannover, Hildesheim, Stade, Verden Aachen, Bonn, Köln Dessau, Halle, Magdeburg, Stendal Osnabrück Flensburg, Itzehoe, Lübeck, Kiel Stuttgart	21
2013	Braunschweig, Göttingen Bremen Bückeburg, Lüneburg, Hannover, Hildesheim, Stade, Verden Aachen, Bonn, Köln Dessau, Halle, Magdeburg, Stendal Osnabrück Flensburg, Itzehoe, Lübeck, Kiel Stuttgart	22
2014	Braunschweig, Göttingen Bremen Bückeburg, Lüneburg, Hannover, Hildesheim, Stade, Verden Osnabrück Lübeck Stuttgart	12

In allen 5 Jahren haben demnach nur die Gerichte aus dem Celler Bezirk sowie das Landgericht Braunschweig die Daten erhoben.

Die nachfolgende Darstellung umfasst zwar grundsätzlich die Daten aller Gerichte. Der Fokus dieser Auswertung lag und liegt aber auf den Gerichten aus dem Bezirk des Oberlandesgerichts Celle. Nachfolgend werden daher besondere Erkenntnisse insbesondere im Hinblick auf die Gerichte aus dem Celler Bezirk dargestellt.

2.4 Zur Einteilung der Verfahren

Bei der Erhebung und Auswertung der Verfahren ist überwiegend danach differenziert worden, ob die Verfahren von einer Wirtschaftsstrafkammer, von einer Jugendstrafkammer oder von einer allgemeinen Strafkammer bzw. dem Schwurgericht erledigt wurden. Die Verfahren der Schwurgerichte sind zumeist den Verfahren vor den allgemeinen Strafkammern hinzugerechnet worden, es sei denn, eine getrennte Auswertung lag nahe, was etwa der Fall war, wenn die Besetzung der Kammer mit zwei oder drei Berufsrichtern untersucht wurde. Aus der folgenden Folie ergibt sich, wie sich die Verfahren auf die unterschiedlichen Kammern aufteilen. Bei insgesamt 24 erfassten Verfahren fehlte die Angabe über die Zuständigkeit.

Verteilung der Verfahren 2009, 2011, 2012, 2013, 2014 1

Insgesamt sind in den Jahren 2009, 2011, 2012, 2013, 2014 11.573 Verfahren ausgewertet worden. Im Jahr 2014 sind 1229 Verfahren ausgewertet worden. Aus dem Jahr 2009 kommen weitere 2327 Verfahren, aus dem Jahr 2011 weitere 2926 Verfahren, aus dem Jahr 2012 weitere 2438 Verfahren und aus dem Jahr 2013 weitere 2653 Verfahren hinzu.

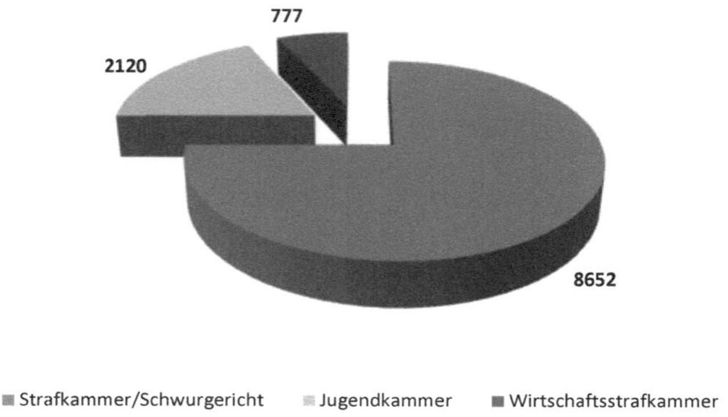

Da der Fokus der Arbeitsgruppe insbesondere auf der unterschiedlichen Behandlung von Haft- und Nichthaftsachen lag, ist bei der Auswertung der Daten regelmäßig danach differenziert worden, ob es sich bei den erledigten Verfahren um Haft- oder um Nichthaftsachen gehandelt hat. Der Anteil an Haftsachen, differenziert nach der Art der Kammern und den einzelnen Erhebungsjahren, ergibt sich aus den nachfolgenden Folien:

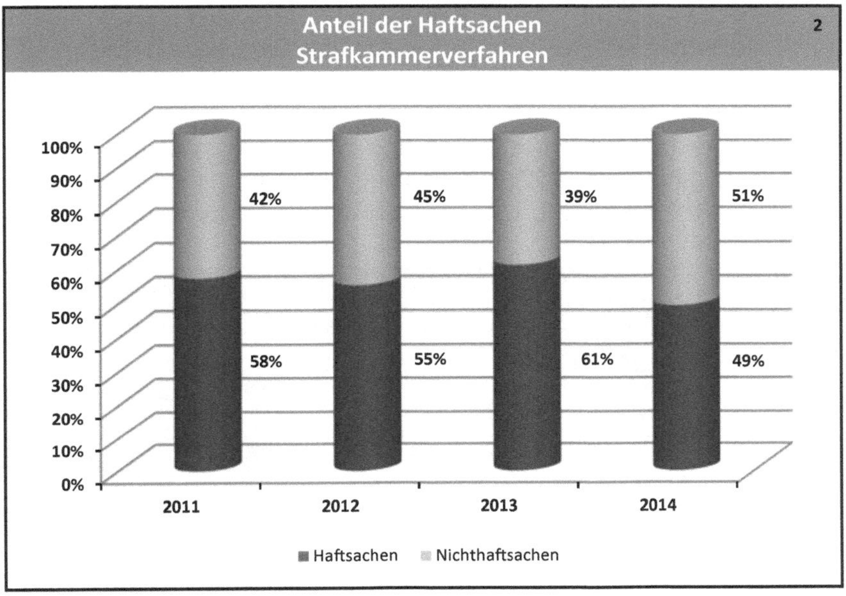
Anteil der Haftsachen
Strafkammerverfahren
2
100%
90%
80%
70%
60%
50%
40%
30%
20%
10%
0%
42%
45%
39%
51%
58%
55%
61%
49%
2011
2012
2013
2014
Haftsachen
Nichthaftsachen

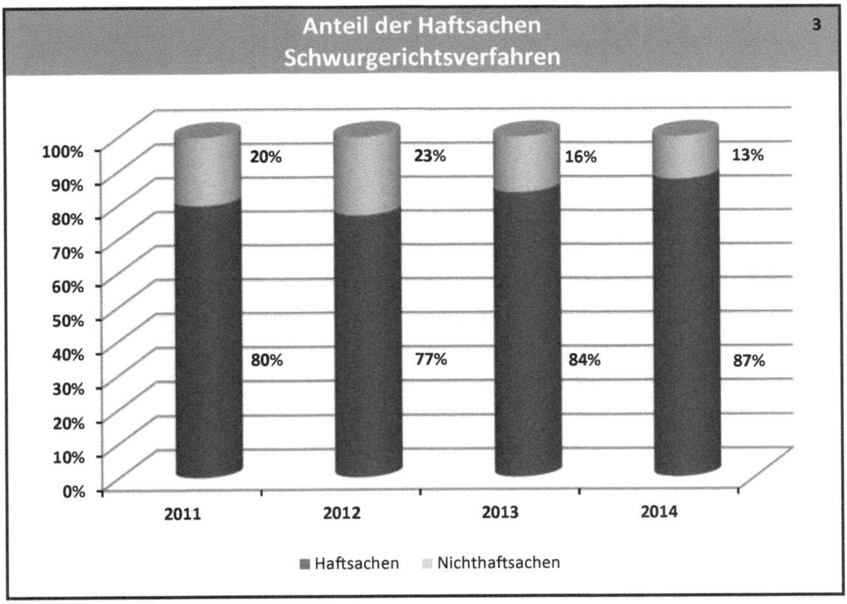
Anteil der Haftsachen
Schwurgerichtsverfahren
3
100%
90%
80%
70%
60%
50%
40%
30%
20%
10%
0%
20%
23%
16%
13%
80%
77%
84%
87%
2011
2012
2013
2014
Haftsachen
Nichthaftsachen

Für die Schwurgerichtsverfahren ergibt sich ein nachvollziehbar hoher Anteil an Haftsachen zwischen 77 % und 87 %. Demgegenüber schwankt der Anteil an Haftsachen bei den Verfahren vor den allgemeinen großen Strafkammern zwischen 49 % und 61 %.

Bei den Verfahren vor den großen Jugendkammern ist ein rückläufiger Trend feststellbar von 58 % aller Verfahren im Jahr 2009 über 53 % im Jahr 2011, 49 % im Jahr 2012, 47 % im Jahr 2013 und 45 % im Jahr 2014.

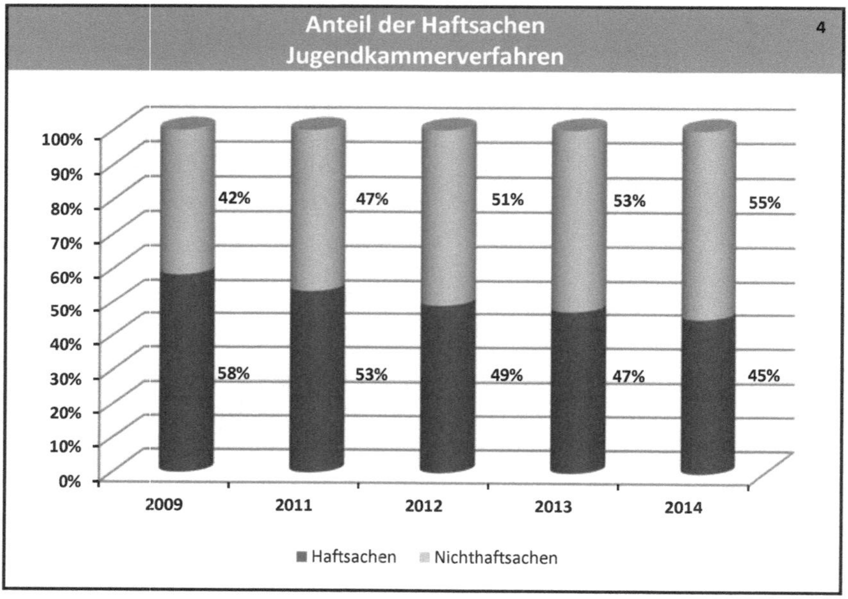

Bei den Wirtschaftsstrafkammerverfahren gibt es keinen eindeutigen Trend. Nach einem hohen Haftanteil von 36 % aller Verfahren im Jahr 2009, der zwischenzeitlich auf weniger als die Hälfte im Jahr 2012 zurückgegangen war, ist er mittlerweile wieder auf 20 % angewachsen.

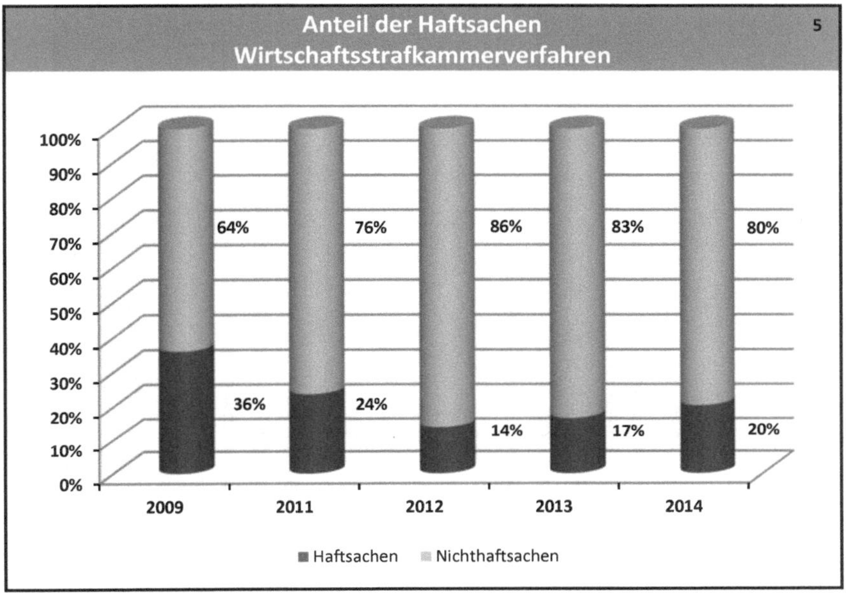

Verteilt auf die einzelnen Gerichte ergab sich, dass hier große Unterschiede vorliegen. Während bei einzelnen Gerichten 80 % aller erledigten Verfahren Haftsachen sind, sind dies bei anderen Gerichten nur um die 40 %.

Die nachfolgende Folie zeigt dies beispielhaft für das Jahr 2013:

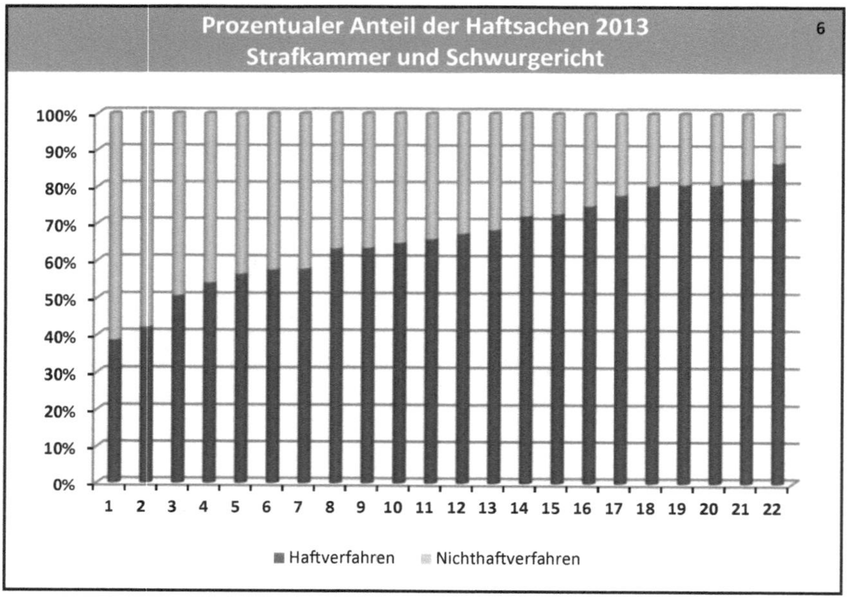

Diese vorstehende Übersicht kann dabei für die einzelnen Gerichte auch herangezogen werden, um Rückschlüsse auf die Verfahrensdauer der in dem jeweiligen Jahr eingegangenen Nichthaftsachen zu ziehen. Für den Oberlandesgerichtsbezirk Celle ist dies jeweils in der Weise erfolgt, dass die sich aus der obigen Übersicht ergebenden Zahlen verglichen worden sind mit dem prozentualen Anteil der Haftsachen am Bestand im jeweiligen Jahr. Ist der Anteil an Haftsachen bei den erledigten Verfahren, wie er sich aus der obigen Übersicht ergibt, deutlich höher als der Anteil der Haftsachen am Bestand, bedeutet dies, dass in dem betreffenden Jahr die Nichthaftsachen nicht entsprechend ihrem Anteil am Gesamtbestand der Verfahren erledigt werden konnten.

Fakten 1 und 2: Anteil Haftsachen

1. In den Erhebungsjahren bewegte sich der Anteil der Haftsachen an den erledigten Verfahren
1.1 bei den allgemeinen Strafkammern zwischen 49 % und 61%,
1.2 bei den Schwurgerichten zwischen 77 % und 87 %,
1.3 bei den Jugendkammern mit konstant sinkender Tendenz zwischen 58 % und 45 %,
1.4 bei den Wirtschaftsstrafkammern zwischen 14 % und 36 %.
2. Bei den verschiedenen Gerichten ist der Anteil der Haftsachen an den erledigten Verfahren sehr unterschiedlich. Bei den allgemeinen Strafkammern und Schwurgerichten (zusammengerechnet) lag er beispielsweise im Jahr 2013 zwischen 40 % und 80 %.

Bei der Datenerhebung ist ferner danach differenziert worden, ob ein Strafverfahren mit oder ohne Hauptverhandlung erledigt werden konnte. Die folgende Folie gibt einen Überblick darüber, wie hoch die Anzahl der Verfahren war, die nach einer Hauptverhandlung abgeschlossen worden sind.[6]

6 Zum prozentualen Verhältnis zwischen Verfahren mit und ohne Hauptverhandlung s. unten 3.3.1

Verhandelte Verfahren – Verfahren mit einer Hauptverhandlung abgeschlossen – 7					
	2009	2011	2012	2013	2014
Schwurgericht und Strafkammer	1518	1823	1361	1414	671
Jugendkammer	298	412	312	324	149
Wirtschaftsstrafkammer	85	128	123	141	62

2.5 Zur Art der erfassten Daten

Mit der Strafkammerdatenerhebung wurden nicht nur die Daten erfasst, die auch in der allgemeinen Zählkartenstatistik enthalten sind. Vielmehr wurden zusätzliche Daten erhoben, die sich aus den Protokollen der Hauptverhandlungen oder richterlichen Verfügungen ergeben haben.

Konkret erfolgte die Datenerhebung nach folgendem Muster:

1. Die Daten zur Beantwortung der Fragen 1.01 bis 1.08 entnehmen Sie bitte der Akte				**Beispiel**	
Akte	1.01	Abteilungsnummer des Verfahrens (z.B. 17)		17	
	1.02	Registerzeichen (z.B. KLs)		KLs	
	1.03	lfd. Nummer und Jahrgang (z.B. 15/07)		126/09	
		Aktenzeichen (wird automatisch erstellt zur Probe)		17 KLs 126/09	
	1.04	Tag des **Eingangs bei der StA** (im Format TT.MM.JJJJ)		22.12.2008	
	1.05	Tag des **Eingangs der Anklage bei Gerich**t (im Format TT.MM.JJJJ)		24.03.2009	
	1.06	Wie groß ist der **Aktenumfang zum Zeitpunkt der Eröffnung des Hauptverfahrens** (Blattzahl einschließlich Spurenakte und Sonderhefte - ***ohne*** Vorstrafenakten) *[Auswahl]*		bis zu 5000 Blatt	
	1.07	Anzahl der abgehörten Telefonate im Ermittlungsverfahren *[Auswahl]*		bis zu 2000	
	1.08	Handelt es sich um eine Haftsache (incl. § 126 a StGB)? *[Auswahl]*		Ja	
2. Die Daten zur Beantwortung der Fragen 2.01 bis 2.02 entnehmen Sie bitte der Anklage					
Anklage	2.01	Anzahl der Angeklagten zum Zeitpunkt der Anklageerhebung		2	
	2.02	Anzahl der Verteidiger zum Zeitpunkt der Anklageerhebung		1	
3. Auslandsermittlungen					
	3.01	Waren Ermittlungen im Ausland von Nöten? *[Auswahl]*		Ja	
	3.02	Mußten Auslandszeugen geladen werden? *[Auswahl]*		Nein	
4. Die Daten zur Beantwortung der Fragen 4.01 bis 4.12 entnehmen Sie bitte der Akte					
	4.01	Das vorliegende Verfahren wurde erledigt durch die/das *[Auswahl]*		Allgemeine Strafkammer	

Akte	4.02	Art der das Verfahren abschließenden Entscheidung / Verfügung *[Auswahl]*		Urteil	
	4.03	Datum der das Verfahren abschließenden Entscheidung / Verfügung gemäß 4.1		17.12.2009	
	4.04	Mit wie vielen Berufsrichtern verhandelte die Kammer *[Auswahl]*		3er-Besetzung	
	4.05	(ggf.) Es handelt sich bei der Entscheidung um ein abgekürztes / langes Urteil *[Auswahl]*		ein langes Urteil	
	4.06	Anzahl der <u>Angeklagten</u> zum Zeitpunkt der abschließenden Entscheidung		2	
	4.07	Anzahl der <u>Verteidiger</u> zum Zeitpunkt der abschließenden Entscheidung		2	
	4.08	Anzahl der <u>Nebenkläger</u>		1	
	4.09	Wurde die <u>Unterbringung</u> eines oder ggf. mehrerer Verurteilter in einem psychiatr. Krankenhaus angeordnet oder geprüft (63 StGB) *[Auswahl]*		Nein	
	4.10	Wurde die Unterbringung in der <u>Sicherungsverwahrung</u> eines oder ggf. mehrerer Verurteilter angeordnet oder geprüft *[Auswahl]*		Nein	
	4.11	Wurde ausweislich des Urteilstenors ein Vollstreckungsabschlag gewährt *[Auswahl]*		Ja	
	4.12	Falls Sie 4.11 mit Ja beantwortet haben: Wie viele Monate Vollstreckungsabschlag gab es für alle Angeklagten zusammen		6	
5. Die Daten zur Beantwortung der Fragen 5.01 bis 5.09 entnehmen Sie bitte dem Aufschreibungsbogen					
Aufschreibung	5.01	Anzahl der Hauptverhandlungstage im Verfahren:		57	
	5.02	Wieviele Minuten dauerte die Hauptverhandlung insgesamt? (Summe über sämtliche Verhandlungstage)		398	
	5.03	Anzahl der Dolmetscher:		2	
	5.04	Anzahl der Sachverständigen:		2	
	5.05	Anzahl der Zeugen:		18	
	5.06	Anzahl von Befangenheitsanträgen:		1	
	5.07	Anzahl von sonstigen Anträgen, die einer gerichtlichen Entscheidung bedürfen:		2	
	5.08	Anzahl der in die Hauptverhandlung eingeführten Telefonate:		27	
	5.09	Wurde ein Selbstleseverfahren durchgeführt? *[Auswahl]*		Nein	

Der nachfolgende Aufschreibungsbogen bezieht sich auf die Daten zur Beantwortung der Fragen in der Datenerhebungstabelle, soweit sich diese <u>nicht aus Akte, Anklage oder Urteil ergeben</u>. Der Aufschreibungsbogen soll Ihnen helfen, die erforderlichen Daten einfacher zusammentragen.
Bitte beachten Sie, dass für jeden Hauptverhandlungstag die Daten zunächst separat erfasst und nach Abschluss des gesamten Verfahrens im unteren Bereich – soweit erforderlich - zusammengezählt werden sollen.

5.01 *Lfd Nr Des* ***Haup tver-hand-lungst ages*** ** (Summe= Anzahl der Hauptverhandlungstage)*	*Datum der Haup tver-hand lung*	*Beginn der Haup tver-hand lung (Uhr zeit)*	*Ende der Haup tver-hand lung (Uhr zeit)*	**5.02** *Dauer der Haup tver-hand lung in Minuten **	**5.03** *Anzahl der in der Haupt-ver-hand-lung anwe-senden Dolmet-scher**	**5.04** *Anzahl der in der Haupt-ver-hand-lung anwe-senden Sach-ver-ständigen**	**5.05** *Anzahl der in der Haup tver-hand lung anwe-senden Zeugen**	**5.06** *Anzahl der Befangenheits-anträge**	**5.07** *Anzahl von sonstigen Anträgen, die einer gerichtlichen Entscheidung bedürfen (Beweisanträge, Beweismittelanträge, Anträge zur Öffentlichkeit, zum Ausschluss des Angeklagten pp)*	**5.08** *Anzahl der in der Haup tver-hand lung eingeführten Telefonate**	**5.09** *Wurde ein Selbstlese-verfahren durchgeführt? Ja/ Nein*

Summe:

Die rückseitigen Ausfüllhinweise lauteten wie folgt:

5.01 Anzahl der Hauptverhandlungstage im gesamten Verfahren?

Es sollen alle Hauptverhandlungstage gezählt werden bis zur abschließenden Entscheidung, also auch die Tage einer Hauptverhandlung, die ausgesetzt werden musste und dann neu begonnen wurde. Nicht gezählt werden sollen Hauptverhandlungstage vor einer früheren Entscheidung, die aufgehoben wurde.

Beispiel:

Eine Hauptverhandlung dauert 5 Tage, endet mit Urteil, das vom BGH aufgehoben wird. Die erneute Hauptverhandlung dauert 10 Tage, dann wird ausgesetzt. Es wird erneut begonnen und 15 Tage verhandelt bis zum Urteil.
Anzahl Hauptverhandlungstage: 10 + 15 = 25

5.02 Wie viele Minuten dauerte die Hauptverhandlung insgesamt?

Gezählt werden sollen alle Hauptverhandlungstage von ihrem jeweiligen Beginn bis zu ihrem jeweiligen Ende. Dies bedeutet, dass alle Pausen, die an einem Tag gemacht werden, mitgezählt werden.

Beispiel:

Die Verhandlung beginnt morgens um 9.12 Uhr. Um 10.30 Uhr bis 10.45 Uhr wird unterbrochen, da über einen Antrag beraten wird. Von 12.30 bis 13.45 Uhr ist Mittagspause. Es wird bis 16.12 Uhr verhandelt. Dauer: 7 Stunden = 420 Minuten

5.03 bis 5.05 Anzahl der Dolmetscher, Sachverständiger und Zeugen

Gezählt werden sollen alle Dolmetscher (einschließlich Vertrauensdolmetschern), Sachverständige und Zeugen, und zwar jede Person in der Anzahl, in der sie an verschiedenen Hauptverhandlungstagen anwesend war.

Beispiel:

Ein Sachverständiger ist an jedem Hauptverhandlungstag anwesend, es gibt 10 Hauptverhandlungstage: Anzahl Sachverständige: 10
Ein Sachverständiger ist nur an den ersten 3 von insgesamt 10 Hauptverhandlungstagen anwesen: Anzahl Sachverständige: 3
Für die zwei Angeklagten sind an jedem Hauptverhandlungstag zwei Dolmetscher anwesend, die Hauptverhandlung dauert 10 Tage, an einem Tag ist für einen Zeugen zusätzlich ein weiterer Dolmetscher anwesend. Anzahl Dolmetscher: 21
Am ersten Hauptverhandlungstag werden zwei Zeugen vernommen, am zweiten 3, am dritten 4, am vierten Hauptverhandlungstag ist ein Zeuge geladen, aber nicht gekommen, und am letzten Hauptverhandlungstag wird einer der Zeugen vom ersten Tag noch einmal vernommen. Anzahl Zeugen: 2+3+4+0+1= 10

5.06 Anzahl von Befangenheitsanträgen

Es soll die Anzahl bezogen auf die Zahl der Berufsrichter gezählt werden.
Bsp: Ein Befangenheitsantrag wird gegen die ganze Kammer, die in Zweier-Besetzung verhandelt, gestellt. Es handelt sich für die Aufschreibung um 2 Anträge.

5.08 Anzahl der in die Hauptverhandlung eingeführten TÜ-Protokolle

Gezählt werden soll jedes Telefonat, das auf welche Weise auch immer eingeführt wird, also beispielsweise durch Verlesung des Protokolls oder durch Abspielen der Aufnahme oder durch Vernehmung des Dolmetschers zur Übersetzung. Nicht gezählt werden sollen Telefonate, deren Protokoll im Selbstleseverfahren eingeführt wird.

2.6 Zur Erfassung der Schwierigkeitsgrade von Verfahren

Die Arbeitsgruppe hat zusätzlich den Versuch unternommen, eine Auswertung der Daten und Verfahren nach Schwierigkeitsgraden der Verfahren vorzunehmen. Dem lag die Einschätzung zugrunde, dass möglicherweise aus den Schwierigkeitsgraden der bei einem Gericht anhängigen Verfahren Rückschlüsse auf die Belastung gezogen werden können. Die Schwierigkeitsgrade der einzelnen Verfahren wurden wie folgt ermittelt:

Zunächst hat eine Arbeitsgruppe von erfahrenen Strafrichterinnen und Strafrichtern aus dem Bezirk des Oberlandesgerichts Celle auf der Grundlage ihrer Erfahrung einzelnen Faktoren, die für ein Strafverfahren bestimmend sind, Schwierigkeitsgrade beigemessen. Diese einzelnen Faktoren wurden gewichtet und im Verhältnis zueinander bewertet. Nach Addition der festgestellten Bewertungszahlen kann so für jedes einzelne Verfahren ein Schwierigkeitsgrad ermittelt werden auf einer nach oben offenen Skala. Im Rahmen der Auswertung wurden die Verfahren bis zu einem Wert von 8 Punkten als „leichte Verfahren“ eingestuft, bei einem Wert von 9 bis 14 Punkten als „mittelschwere Verfahren“ und ab einem Wert von 15 Punkten als „schwere Verfahren“. Diese Methode hat dabei durchgängig zu Ergebnissen geführt, die der Prüfung nach der „Gaußschen Normalverteilung“, also einer statistisch zu erwartenden Wahrscheinlichkeit von Schwierigkeitsgraden, standgehalten haben (vgl. dazu Arenhövel/Otte, Deutsche Richterzeitung 2010, 229). Im Einzelnen sind folgende Faktoren mit folgenden Bewertungszahlen bewertet worden:

Ausgangspunkt in der Datenerhebung	Bewertung	Max. mögliche Bewertungszahl
Anzahl der Angeklagten	Für den 1. Angeklagten Bewertungszahl 1, für jeden weiteren Angeklagten Bewertungszahl 2. Formel: Bewertungszahl = Anzahl Angeklagte * 2 - 1	Offen
Anzahl Verteidiger	Für jeden Verteidiger, der die Anzahl der Angeklagten übersteigt, wird die Bewertungszahl 1 vergeben. Formel: Anzahl Verteidiger - Anzahl Angeklagte	Offen

Ausgangspunkt in der Datenerhebung	Bewertung	Max. mögliche Bewertungszahl
Dolmetscher	Die Anzahl der ermittelten Anwesenheitstage wird durch die Anzahl der ermittelten Hauptverhandlungstage dividiert (Index). Der Index wird mit der Bewertungszahl 2 multipliziert. Formel: Anzahl Dolmetscher / Anzahl Hauptverhandlungstage * 2	Offen
Sachverständige	Die Anzahl der ermittelten Hauptverhandlungstage, an denen ein Sachverständiger anwesend war, wird wie folgt bewertet: 0 Tage = Bewertungszahl 0 1 Tag = Bewertungszahl 1 2-5 Tage = Bewertungszahl 3 6-15 Tage = Bewertungszahl 4 Über 15 Tage = Bewertungszahl 5	5
Befangenheitsanträge	Die Anzahl der Befangenheitsanträge in einem Verfahren wird wie folgt bewertet: 0 Anträge = Bewertungszahl 0 1-3 Anträge = Bewertungszahl 2 4-10 Anträge = Bewertungszahl 4 Über 10 Anträge = Bewertungszahl 6	6
Sonstige Anträge	Die Anzahl der sonstigen Anträge in einem Verfahren wird wie folgt bewertet: 0 Anträge = Bewertungszahl 0 Bis 10 Anträge = Bewertungszahl 1 Bis 20 Anträge = Bewertungszahl 2 Bis 30 Anträge = Bewertungszahl 3 Bis 40 Anträge = Bewertungszahl 4 Bis 50 Anträge = Bewertungszahl 5 Bis 75 Anträge = Bewertungszahl 6 Bis 100 Anträge = Bewertungszahl 7 Bis 150 Anträge = Bewertungszahl 8 Über 150 Anträge = Bewertungszahl 9	9
In die Hauptverhandlung eingeführte Telefonate	Die Anzahl der eingeführten Telefonate in einem Verfahren wird wie folgt bewertet: 0 Telefonate = Bewertungszahl 0 Bis 10 Telefonate = Bewertungszahl 1 Bis 50 Telefonate = Bewertungszahl 2 Bis 100 Telefonate = Bewertungszahl 3 Bis 200 Telefonate = Bewertungszahl 4 Bis 300 Telefonate = Bewertungszahl 5 Über 300 Telefonate = Bewertungszahl 6	6
Auslandsberührung	Keine Auslandsberührung = Bewertungszahl 0 Auslandsberührung = Bewertungszahl 3	3

Ausgangspunkt in der Datenerhebung	Bewertung	Max. mögliche Bewertungszahl
Nebenklagen	Jede Nebenklage wird mit der Bewertungszahl 1 geführt.	Offen
Zeugen	Die Anzahl der ermittelten Hauptverhandlungstage, an denen ein Zeuge anwesend war, wird wie folgt bewertet: 0 Tage = Bewertungszahl 0 1-2 Tage = Bewertungszahl 1 3-10 Tage = Bewertungszahl 2 11-30 Tage = Bewertungszahl 3 Über 30 Tage = Bewertungszahl 4	4
Umfang der Akten	Die Blattzahl der Akten wird wie folgt bewertet: Bis 600 Blatt = Bewertungszahl 1 Bis 5000 Blatt = Bewertungszahl 2 Über 5000 Blatt = Bewertungszahl 3	3

Die Arbeitsgruppenmitglieder haben einzelne von ihnen abgeschlossene Verfahren anhand der Kriterien nachträglich bewertet. Die Punktzahl war nach ihrer Ansicht stets zutreffend. Dies galt jedoch nur für Verfahren vor den allgemeinen Strafkammern und dem Schwurgericht. Insbesondere Wirtschaftsstrafverfahren haben bei der Vergabe der Bewertungszahlen nicht im Fokus gestanden, so dass die in der Datenerhebung ermittelten Schwierigkeitswerte für Wirtschaftsstrafverfahren nur von eingeschränktem Aussagewert sind.

2.7 Zur Auswertung

Bei der Auswertung sind ab 2012 zusätzlich weitere Faktoren in den Blick genommen worden, die sich nicht allein aus der Datenerhebung ergeben haben. Dabei handelt es sich insbesondere um die Anzahl der Gerichtseingesessenen pro Landgerichtsbezirk und die Richter-Arbeitskraftanteile im jeweiligen Landgericht, die auf die großen Strafkammern entfielen. Dabei sind bei der Auswertung die von den Gerichten zu diesen Faktoren übermittelten Daten zugrunde gelegt worden. Durch die Schaffung einer einheitlichen Bezugsgröße (100.000 Einwohner) konnte dann beispielsweise der Einsatz von Richter-Arbeitskraftanteilen bei den einzelnen Landgerichten verglichen werden. Dabei haben die Arbeitsgruppenmitglieder zwar damit gerechnet, dass diese Relation bei den unterschiedlichen Gerichten unterschiedlich ausfallen würde. So bestand die Vermutung, dass bei den Großstadtgerichten ein höherer Arbeitskraftanteil eingesetzt würde. Tatsächlich ergaben sich aber bei der Auswertung insoweit - und auch in vielen anderen Bereichen - Überraschungen, die im Folgenden darzustellen sein werden.

3. *Zu den Ergebnissen der Datenerhebung*

3.1 Überblick über die Größe der beteiligten Landgerichte, die Anzahl der erfassten Verfahren und die Anzahl der eingesetzten Richterarbeitskräfte

Die folgende Folie verschafft einen Überblick über die Größe der Bezirke der Landgerichte, die sich noch im Jahr 2013 an der Datenerhebung beteiligt haben, im Hinblick auf die Anzahl der Gerichtseingesessenen:

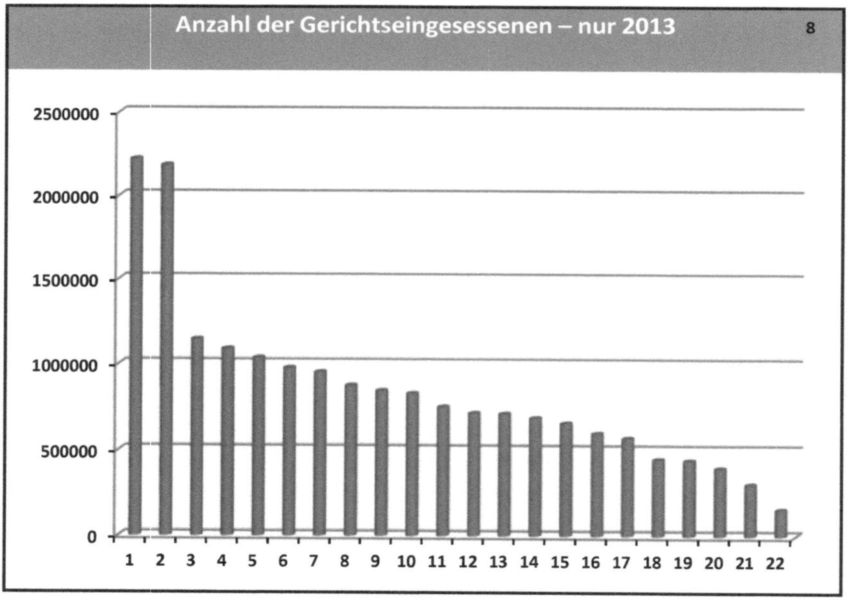

Auf dieser Folie ist erkennbar, dass die Landgerichte 1 und 2 (Stuttgart und Köln) eine deutliche Sonderrolle hinsichtlich der Größe ihres Bezirkes einnehmen mit mehr als doppelt so vielen Gerichtseingesessenen wie die anderen Bezirke.

Die nächste Folie verschafft einen Überblick über die Anzahl der insgesamt erledigten Verfahren, wobei hier wiederum rückblickend mit dem Jahr 2013 begonnen werden soll, weil sich im Jahr 2013 noch deutlich mehr Gerichte an der Erhebung beteiligt haben:

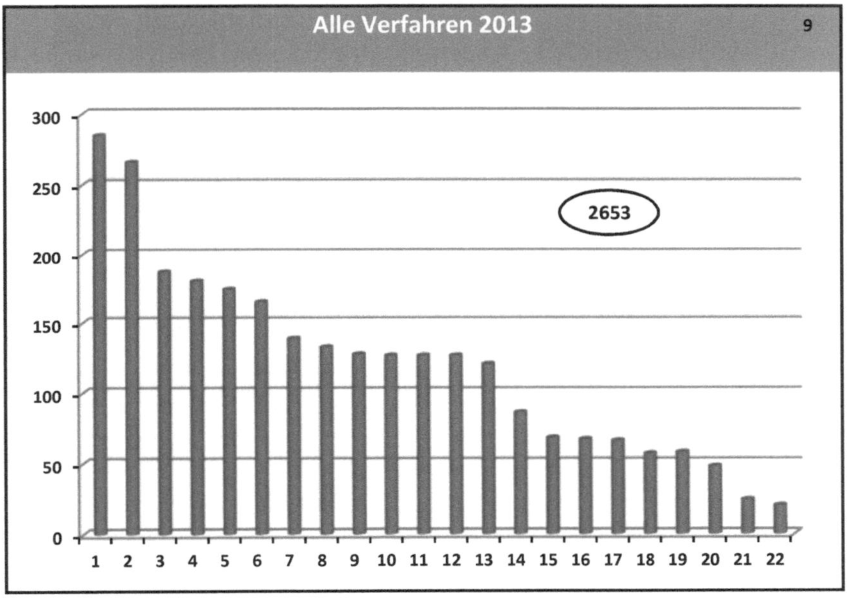

Im Hinblick auf die Anzahl der abgeschlossenen Verfahren sticht sogleich ins Auge, dass im Jahr 2013 das Gericht mit der Ziffer 2) fast so viele Verfahren wie das Gericht mit der Ziffer 1) und deutlich mehr Verfahren als das Gericht mit der Ziffer 3) erledigt hat. Dies wäre nicht verwunderlich, wenn die Gerichte mit den Ziffern 1) und 2) aus Folie 9 die gleichen Gerichte wären, wie die Gerichte mit den Ziffern 1) und 2) aus der vorherigen Folie 8. Dies ist aber nicht so. Vielmehr ist der Bezirk des Gerichts mit der Ziffer 2) aus Folie 9 im Hinblick auf die Anzahl der Gerichtseingesessenen nur halb so groß wie das Gericht mit der Ziffer 3) aus Folie 9. Bei den Gerichten mit den Ziffern 1) und 2) auf Folie 9 handelt es sich gerade nicht um die Gerichte mit den Ziffern 1) und 2) auf der Folie 8.

Diese Erkenntnis ist von den betroffenen Gerichten und Oberlandesgerichten zum Anlass genommen worden, nach den Ursachen für diesen Befund zu fragen. Dabei war zu berücksichtigen, dass in der Datenerhebung nur die abgeschlossenen Verfahren erfasst wurden. Dieser große Unterschied spiegelte sich aber auch in den Eingangszahlen wieder, so dass dort insbesondere die Anklagepraxis der Staatsanwaltschaften in die Betrachtung mit einbezogen werden musste.

In den Jahren 2009 und 2011 hatte auch das Landgericht Berlin an der Erhebung teilgenommen (nachfolgend das Gericht mit der Ziffer 1). Aus der Folie 10 wird deutlich, dass dieses Gericht im Hinblick auf die Anzahl der Verfahren eine deutliche Sonderrolle eingenommen hat. Dies war auch der Grund dafür, dass das Landgericht Berlin sich nicht weiter an der Datenerhebung beteiligt hat.

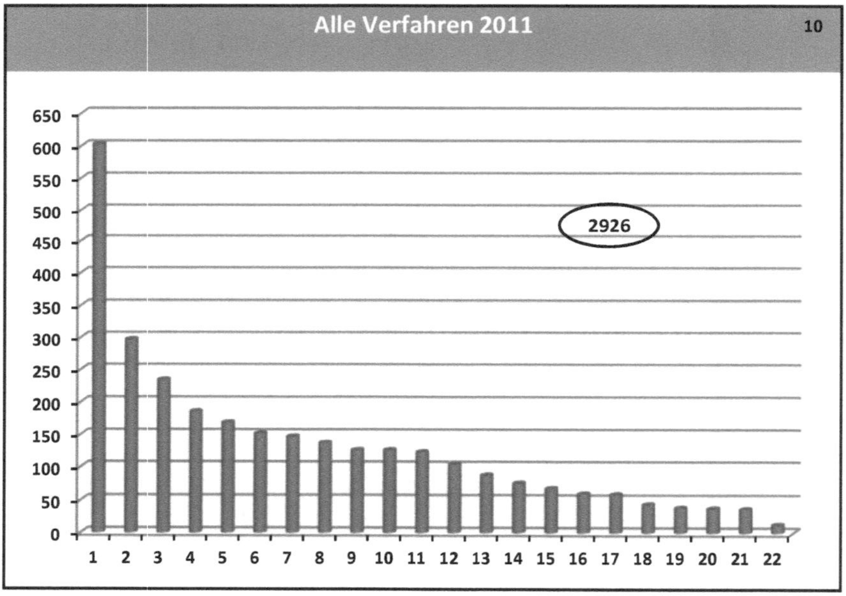

In den folgenden Folien haben wir die Anzahl der in den großen Strafkammern eingesetzten Richter-Arbeitskraftanteile bei den einzelnen Landgerichten miteinander verglichen[7]:

7 Im Jahr 2013 hatten an sich 22 Gerichte an der Erhebung teilgenommen; ein Gericht hat jedoch zu den eingesetzten AKA keine Angaben übermittelt.

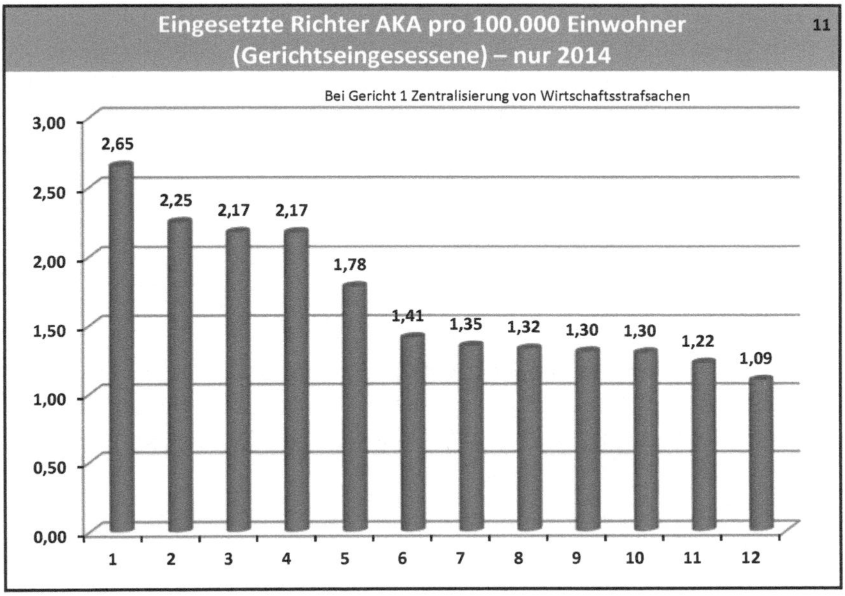
Eingesetzte Richter AKA pro 100.000 Einwohner (Gerichtseingesessene) – nur 2014
11
Bei Gericht 1 Zentralisierung von Wirtschaftsstrafsachen
3,00
2,50
2,00
1,50
1,00
0,50
0,00
2,65
2,25
2,17
2,17
1,78
1,41
1,35
1,32
1,30
1,30
1,22
1,09
1 2 3 4 5 6 7 8 9 10 11 12

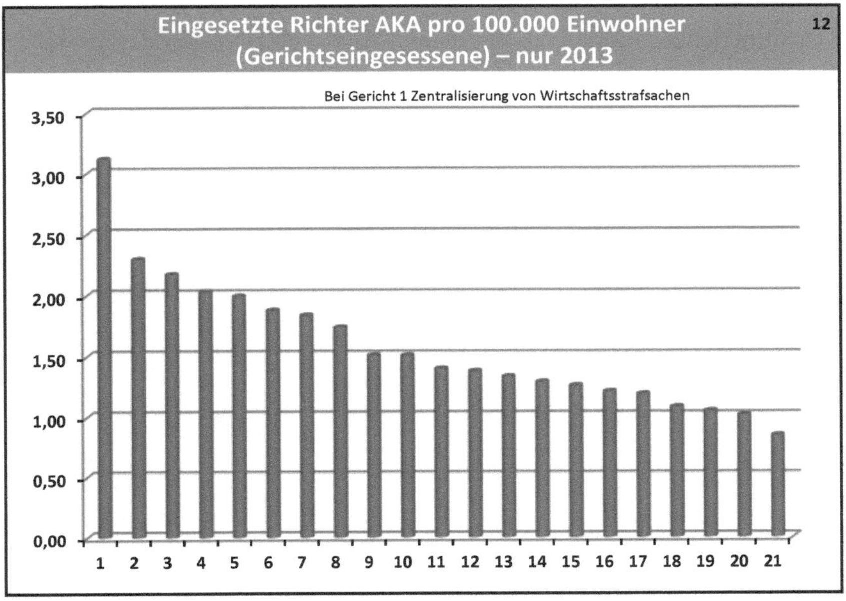
Eingesetzte Richter AKA pro 100.000 Einwohner (Gerichtseingesessene) – nur 2013
12
Bei Gericht 1 Zentralisierung von Wirtschaftsstrafsachen
3,50
3,00
2,50
2,00
1,50
1,00
0,50
0,00
1 2 3 4 5 6 7 8 9 10 11 12 13 14 15 16 17 18 19 20 21

Es zeigen sich große Unterschiede. Dabei ist allerdings zu berücksichtigen, dass der hohe Wert für das Gericht mit der Nr. 1 sich zwangslos daraus erklärt, dass in diesem Bezirk die Wirtschaftsstrafsachen aus mehreren anderen Bezirken zentralisiert sind. Es bleiben jedoch große Unterschiede auch zwischen den übrigen Gerichten, für die festzuhalten ist, dass einzelne Gerichte mit halb so viel Richterarbeitskraft auskommen pro 100.000 Einwohner wie andere Gerichte. Dabei liegen nicht nur Großstadtgerichte auf den ersten Plätzen.

Fakt 3: Eingesetzte Richterarbeitskraftanteile

3. Unter den einzelnen Landgerichten bestehen große Unterschiede im Hinblick auf die Anzahl der eingesetzten Richterarbeitskraftanteile pro 100.000 Einwohner. Bei einigen Gerichten werden doppelt so viele AKA eingesetzt wie an anderen Gerichten.

Eine naheliegende Erklärung dafür könnte natürlich in der Anzahl der erledigten Verfahren liegen. Dass dies nicht so ist, wird die nachfolgende Untersuchung zeigen.

In den nachfolgenden Folien haben wir die Anzahl der abgeschlossenen Schwurgerichtsverfahren ins Verhältnis gesetzt zur Anzahl der Gerichtseingesessenen für die Jahre 2012, 2013 und 2014:

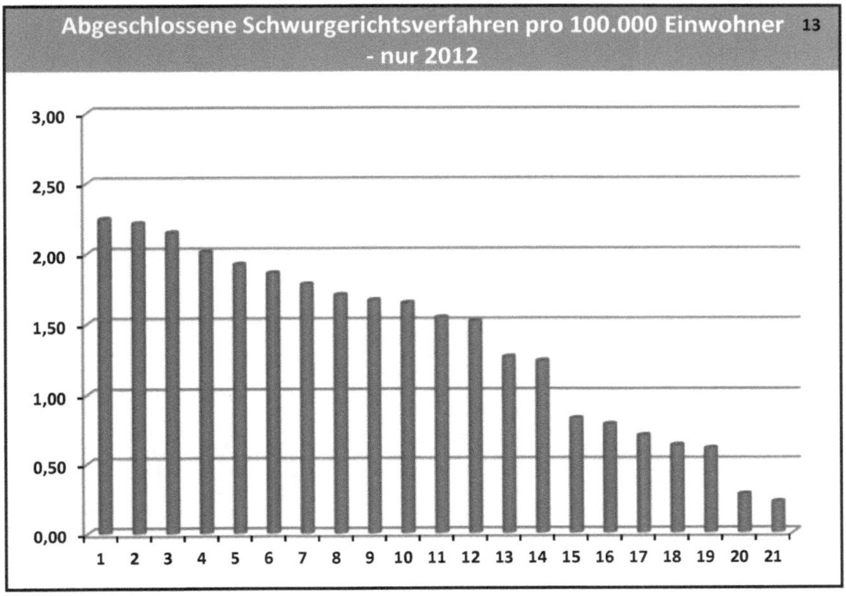
Abgeschlossene Schwurgerichtsverfahren pro 100.000 Einwohner - nur 2012
13
3,00
2,50
2,00
1,50
1,00
0,50
0,00
1 2 3 4 5 6 7 8 9 10 11 12 13 14 15 16 17 18 19 20 21

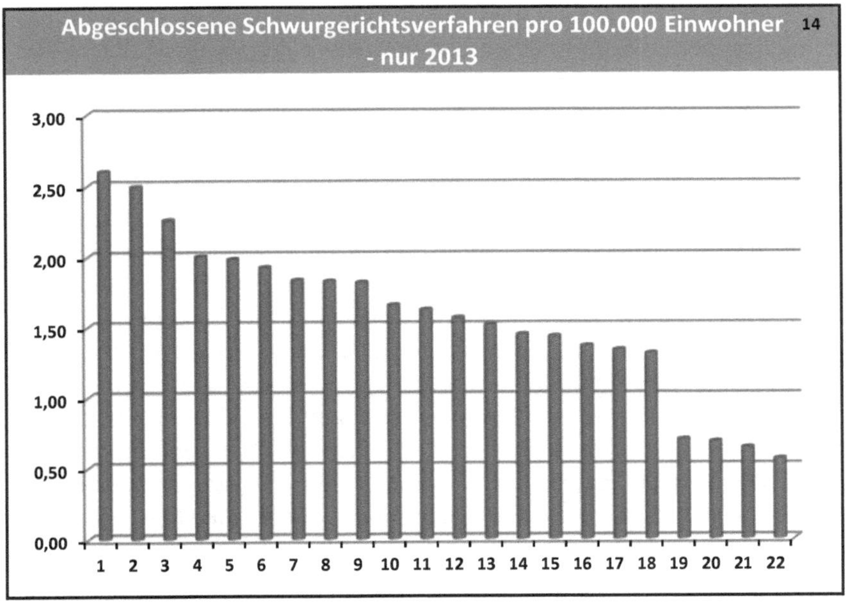
Abgeschlossene Schwurgerichtsverfahren pro 100.000 Einwohner - nur 2013
14
3,00
2,50
2,00
1,50
1,00
0,50
0,00
1 2 3 4 5 6 7 8 9 10 11 12 13 14 15 16 17 18 19 20 21 22

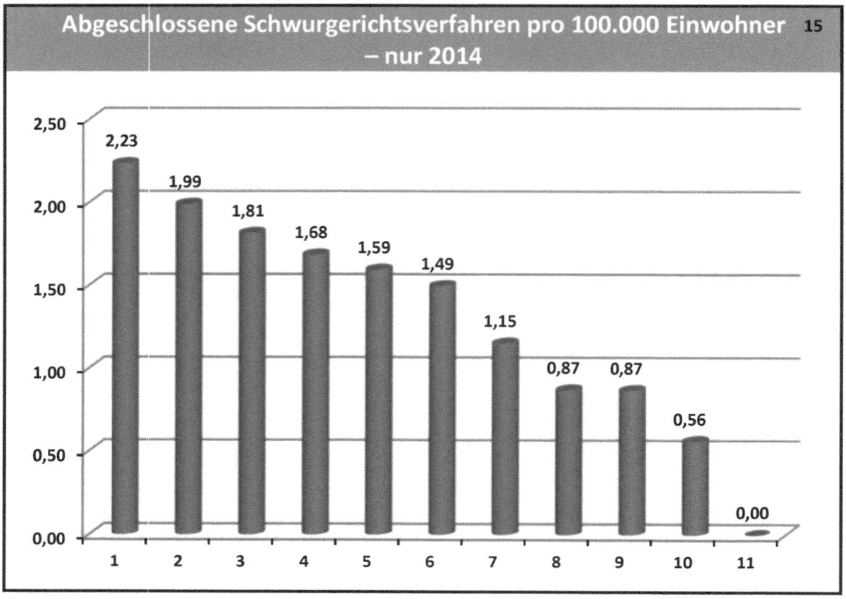

Betrachtet man diese Zahlen, könnte man den Eindruck bekommen, dass es bei den Gerichten mit den vorderen Ziffern eine um ein Vielfaches höhere Rate an Kapitalverbrechen gibt als bei den Gerichten mit den hinteren Ziffern. Eigentlich sollte man doch meinen, dass die oben dargestellte Rate in allen Bezirken etwa gleich ist, vielleicht in den Großstadtgerichten etwas höher. Eine mögliche Ursache für die großen Unterschiede können natürlich statistische Schwankungen bei niedrigen absoluten Zahlen sein, wofür auch die unterschiedlichen Werte einzelner Gerichte im Vergleich zwischen 2012 und 2013 sprechen. Die Gerichte unter den ersten Ziffern und die letzten dieser Reihe sind in beiden Jahren nämlich jeweils andere. Eine weitere mögliche Ursache könnte jedoch auch hier die unterschiedliche Anklagepraxis sein: Die Übersicht legt nahe, dass ein Delikt, das im Bezirk des Gerichts zur Ziffer 1) als versuchter Totschlag angeklagt wird, möglicherweise im Bezirk des Gerichts zu Ziffer 22) als gefährliche Körperverletzung angeklagt wird. Die Folien sollten und sind in den beteiligten Gerichtsbezirken zum Anlass genommen werden, die Hintergründe für diese Unterschiede genauer zu untersuchen.

Fakt 4: Anzahl abgeschlossener Schwurgerichtsverfahren pro 100.000 Einwohner

4. Die Anzahl abgeschlossener Schwurgerichtsverfahren pro 100.000 Einwohner schwankt stark zwischen den einzelnen Gerichten, von Gericht zu Gericht, aber auch von Jahr zu Jahr.

In den nachfolgenden Folien haben wir die abgeschlossenen Verfahren in den allgemeinen Strafkammern zur Anzahl der Gerichtseingesessenen ins Verhältnis gesetzt:

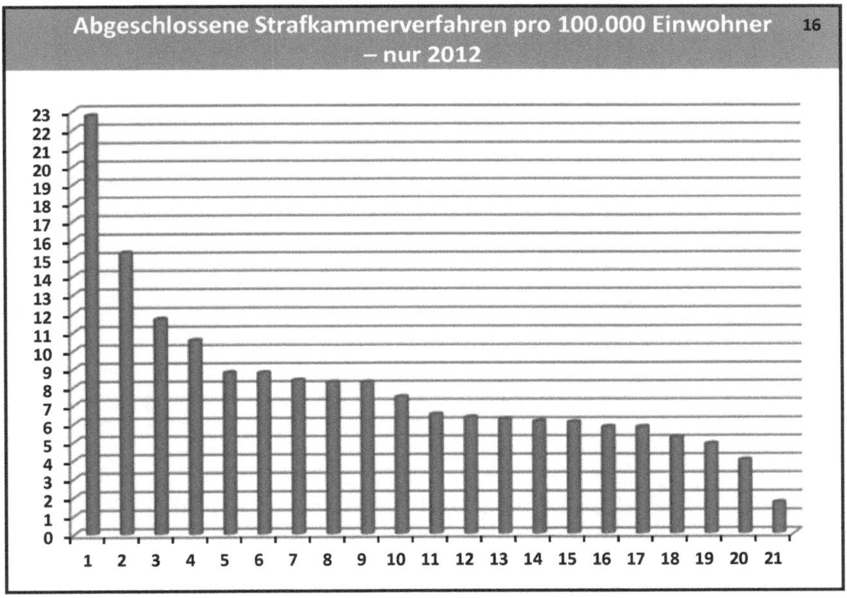

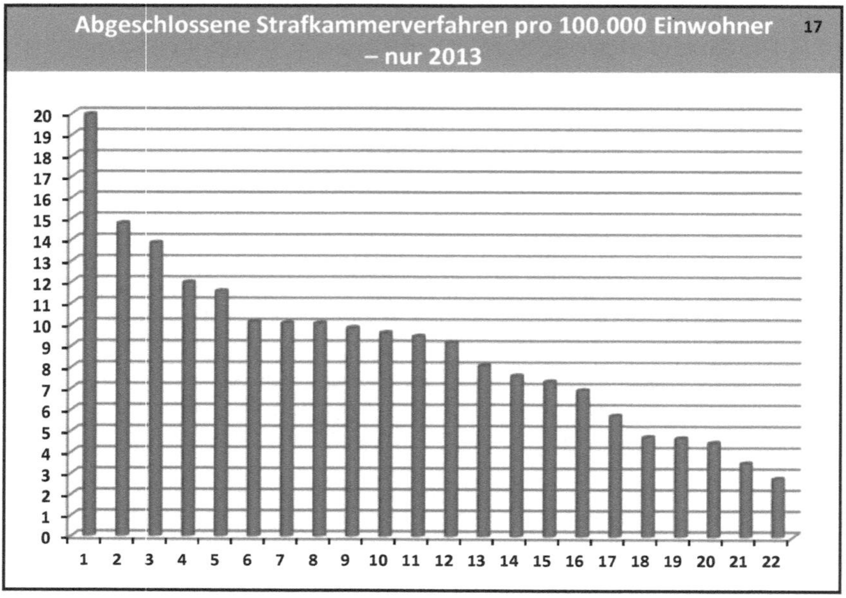
Abgeschlossene Strafkammerverfahren pro 100.000 Einwohner – nur 2013
17
20
19
18
17
16
15
14
13
12
11
10
9
8
7
6
5
4
3
2
1
0
1 2 3 4 5 6 7 8 9 10 11 12 13 14 15 16 17 18 19 20 21 22

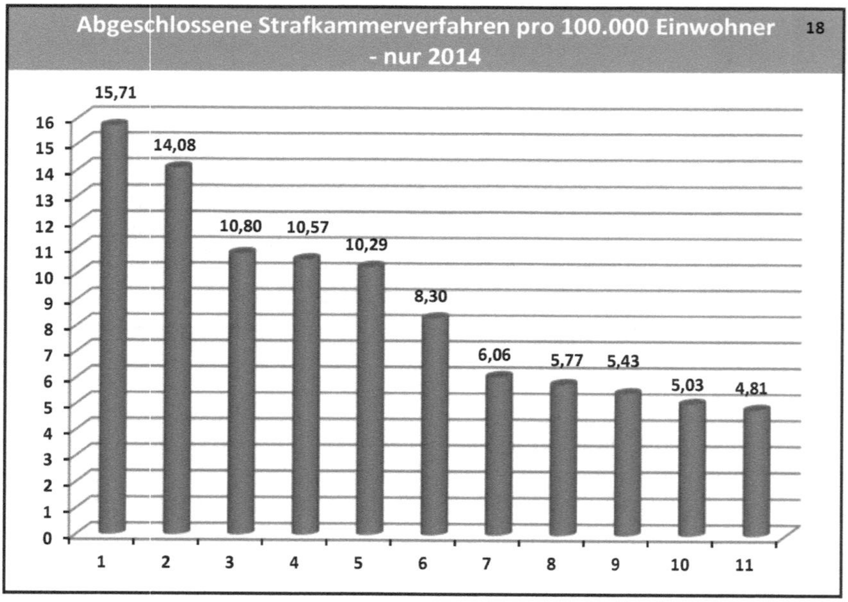
Abgeschlossene Strafkammerverfahren pro 100.000 Einwohner - nur 2014
18
15,71
14,08
10,80
10,57
10,29
8,30
6,06
5,77
5,43
5,03
4,81
16
15
14
13
12
11
10
9
8
7
6
5
4
3
2
1
0
1 2 3 4 5 6 7 8 9 10 11

Auch hier finden sich wieder große Unterschiede. Die hohe Anzahl an Verfahren im Gericht unter Ziffer 1) (2012/2013) in absoluten Zahlen spiegelt sich hier wieder in einer hohen Anzahl abgeschlossener Strafkammerverfahren pro 100.000 Einwohner. Interessant ist hier der niedrige Wert für das Gericht unter Ziffer 21) (2012/2013) trotz des hohen Einsatzes von Arbeitskraftanteilen pro 100.000 Einwohner, dort war dieses Gericht das Gericht mit der Ziffer 4), s.o. Folie 12 (2013). Allerdings bezog sich die Folie zu den Arbeitskraftanteilen auch auf die Wirtschaftsstrafsachen, während hier nur die Strafkammerverfahren erfasst sind. Festzuhalten bleibt für den Celler Bezirk eine sehr niedrige Anzahl an abgeschlossenen Strafkammerverfahren bei den Gerichten unter Ziffer 20) und 21) (2013). Mögliche Gründe für diesen Befund sollen unter 3.2 dargestellt werden, wobei allerdings auch hier betont werden muss, dass die Datenerhebung keine Auskunft darüber gibt, wie viele Verfahren eingegangen sind (eine geringe Zahl abgeschlossener Verfahren kann theoretisch natürlich auch daran liegen, dass nur wenige Verfahren eingegangen sind).

Fakt 5: Anzahl abgeschlossener Strafkammerverfahren pro 100.000 Einwohner

5. Auch diese Anzahl schwankt stark zwischen den einzelnen Gerichten, weniger stark von Jahr zu Jahr. Eine hohe Anzahl abgeschlossener Verfahren entspricht nicht immer einer hohen Anzahl von eingesetzten Richterarbeitskraftanteilen.

Die nächste Folie verschafft einen Überblick über die Anzahl der erledigten Jugendkammerverfahren in den Erhebungsjahren:

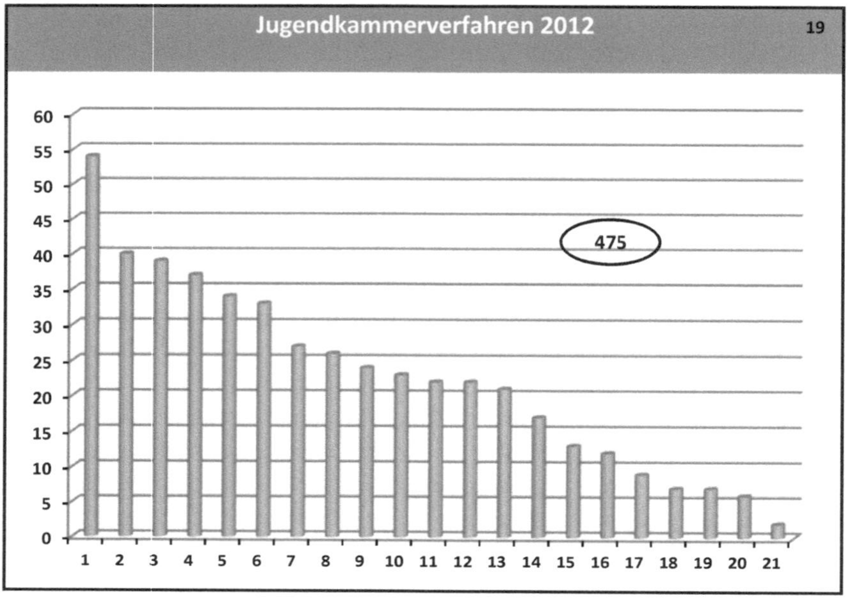
Jugendkammerverfahren 2012
19
60
55
50
45
40
35
30
25
20
15
10
5
0
475
1 2 3 4 5 6 7 8 9 10 11 12 13 14 15 16 17 18 19 20 21

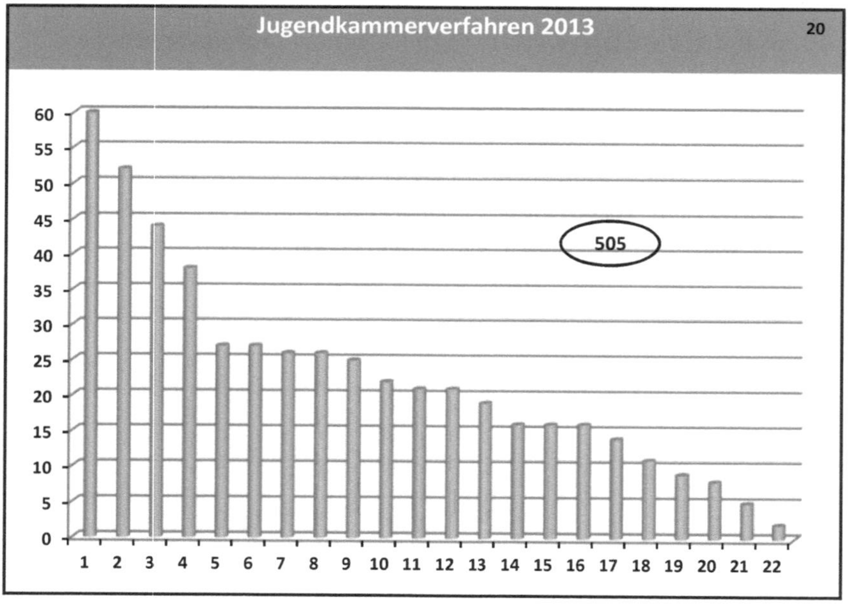
Jugendkammerverfahren 2013
20
60
55
50
45
40
35
30
25
20
15
10
5
0
505
1 2 3 4 5 6 7 8 9 10 11 12 13 14 15 16 17 18 19 20 21 22

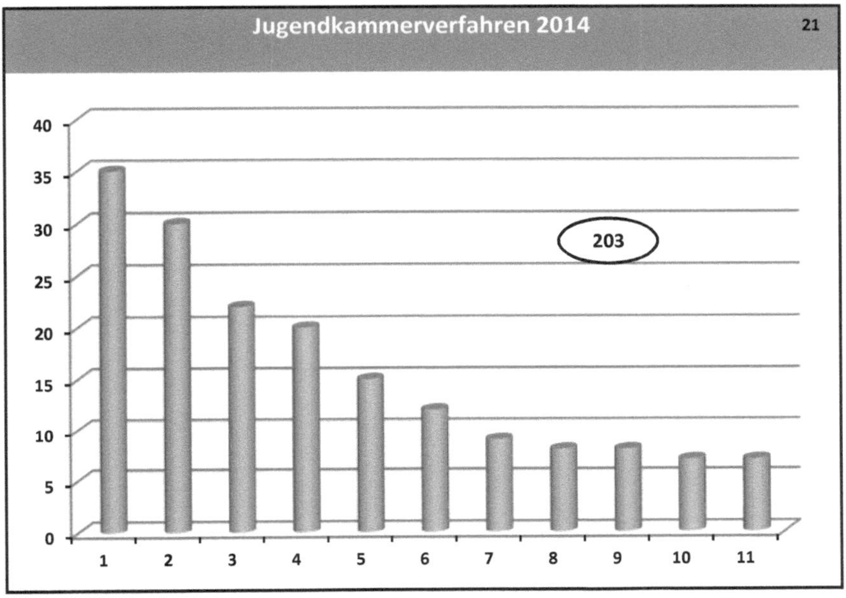

In der Folie für das Jahr 2014 sind die vom LG Stuttgart gemeldeten Verfahren nicht enthalten, da ein Abgleich mit der Zählkartenstatistik dort ergeben hat, das tatsächlich wesentlich mehr Verfahren erledigt worden sind.

Interessant ist hier für den Celler Bezirk der hohe Wert an abgeschlossenen Jugendkammerverfahren in den Jahren 2011, 2012 und 2013 und 2014 bei dem (jeweils identischen) Gericht mit der Ziffer 2) (2013, 2014), 5) (2012) bzw. 2) (2011), der immer deutlich höher ist als der Wert für wesentlich größere Gerichte.

3.2 Verfahrensdauer

Ein besonderer Fokus der Datenerhebung lag naturgemäß im Hinblick auf den Auftrag der Arbeitsgruppe auf der Ermittlung der Verfahrensdauer in den verschiedenen Verfahrensarten.

3.2.1 Laufzeiten

Die folgende Folie verschafft zunächst einen Überblick über die Verfahrenslaufzeiten in allen Erhebungsjahren in den Haftsachen. Als Beginn der Laufzeit gilt im Rahmen dieser Auswertung der Tag des Eingangs der Anklage bei Gericht. Als Ende zählt das Datum der das Verfahren abschließenden Entscheidung.

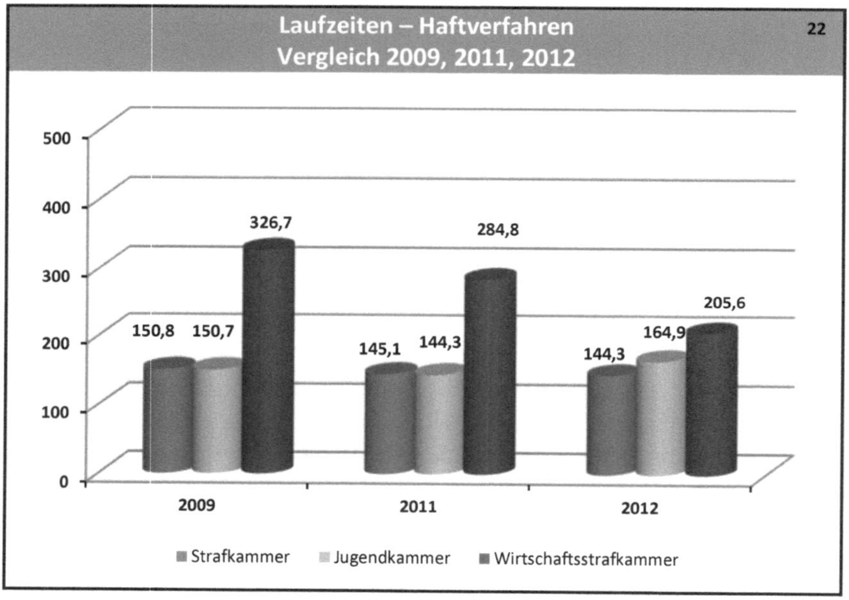

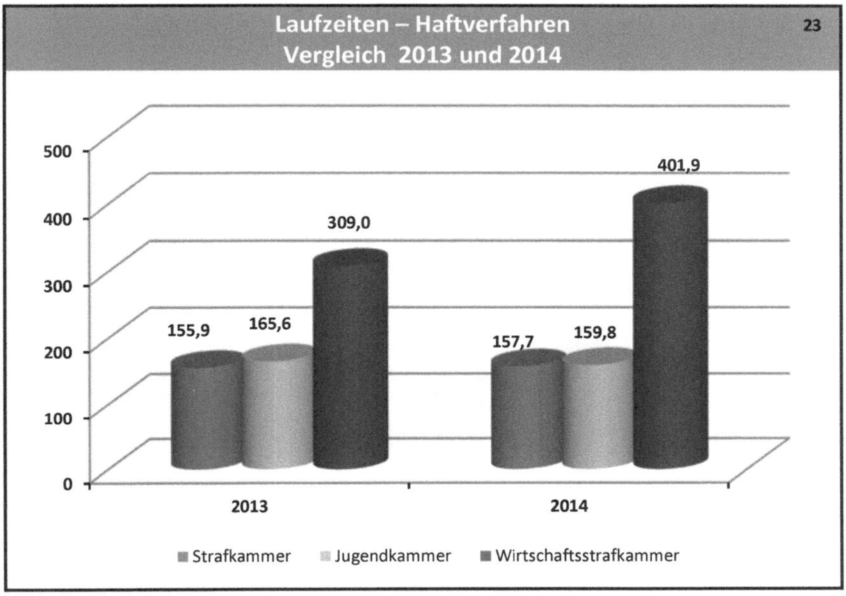

Es zeigt sich, dass sich die Laufzeiten bei den Haftsachen seit 2009 bei den allgemeinen Strafkammern nur geringfügig verlängert haben, ebenso bei den Jugendkammern. Sie liegen bei etwa 150 Tagen. Bei den Wirtschaftsstrafkammern gibt es keine klare Tendenz.

Ganz andere Laufzeiten ergeben sich bei den Nichthaftsachen:

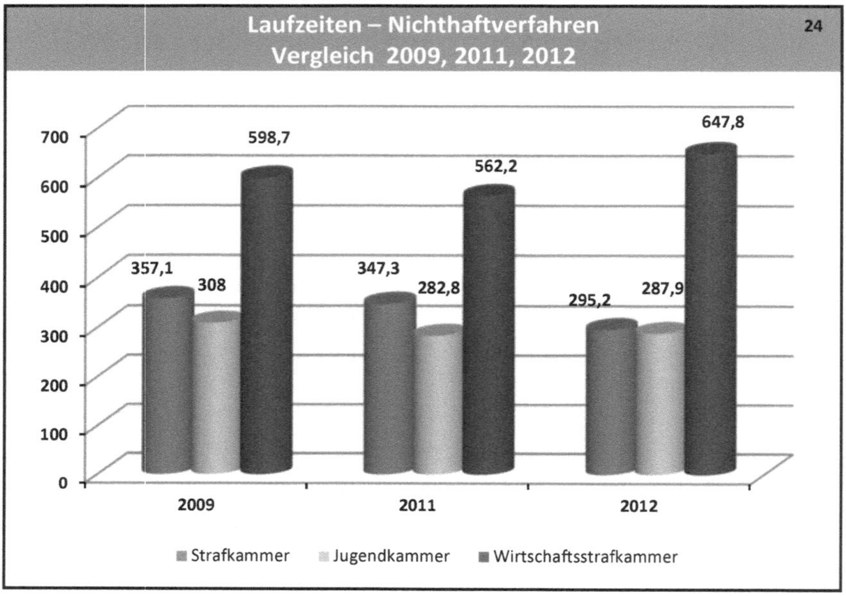

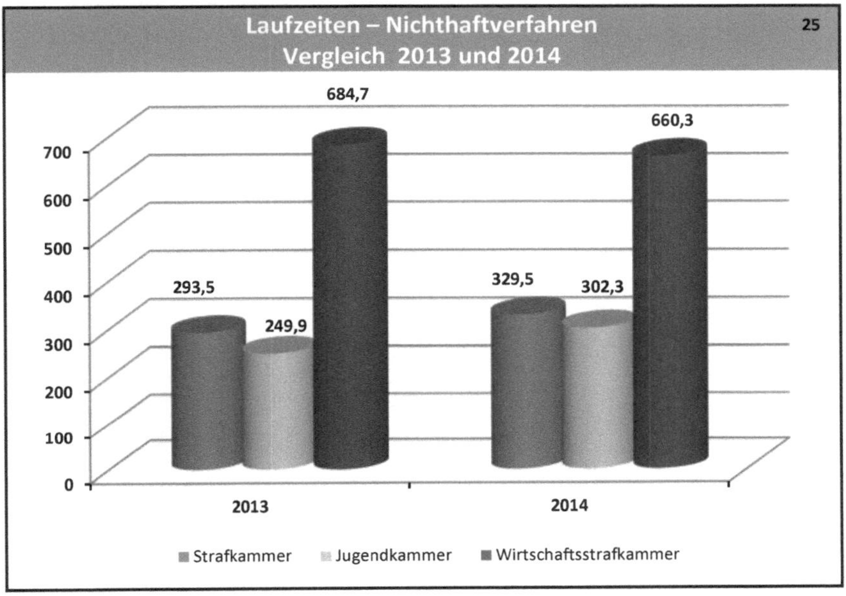

Die Dauer der Nichthaftsachen hat sich in den Strafkammerverfahren (inkl. Schwurgericht) von 2009 bis 2014 etwas verkürzt, Wirtschaftssachen haben sich verlängert. Bei den allgemeinen Strafkammern und bei den Jugendkammern liegen die Werte bei etwa 300 Tagen, Jugendsachen werden immer etwas schneller erledigt als allgemeine Strafsachen. Wirtschaftssachen dauern etwa doppelt so lange.

Bei einem Vergleich der Folien zeigt sich, dass die Nichthaftsachen etwa doppelt so lange dauern wie die Haftsachen. Dies verwundert angesichts des Beschleunigungsgebots in Haftsachen nicht weiter, gibt gleichzeitig jedoch einen Hinweis auf die hohe Belastungssituation. Insbesondere mittelschwere und schwere Verfahren ohne Haftanordnung bleiben offensichtlich über längere Zeit unbearbeitet.

Die folgende Folie verschafft einen Überblick über die Laufzeiten bei den einzelnen Gerichten in den Haftsachen vor Schwurgericht und allgemeiner Strafkammer:

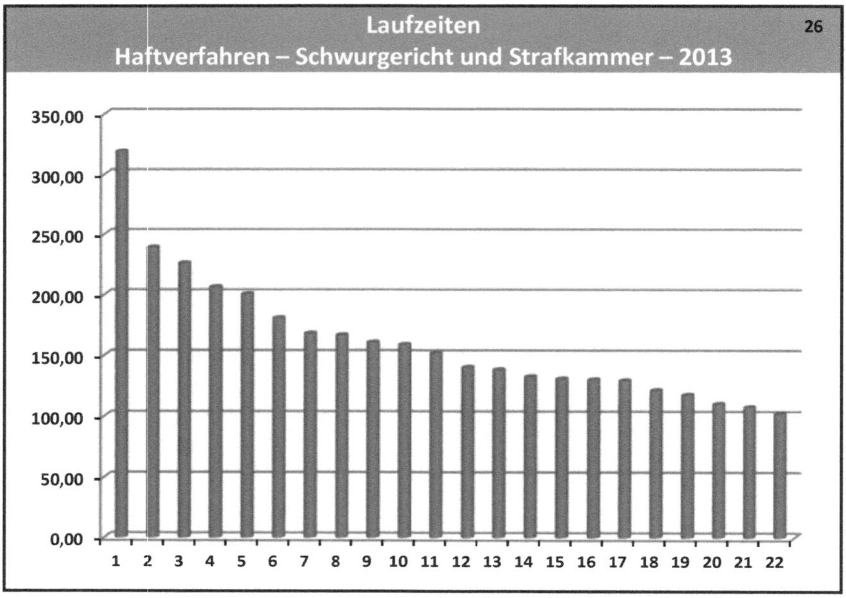

Es zeigt sich, dass die Laufzeiten bei dem Gericht mit der Ziffer 1) deutlich am längsten sind und im Vergleich zu den anderen Gerichten als auffällig anzusehen sind.

Interessant ist in diesem Zusammenhang, dass dieses Gericht mit der Ziffer 1) bei den Laufzeiten (Folie 26) beim Einsatz von Richterarbeitskraftanteilen im Jahr 2013 (Folie 12) auf Ziffer 4) lag. Ein niedriger Einsatz von Richterarbeitskraftanteilen kann also jedenfalls nicht die Ursache für die langen Laufzeiten sein. Bereits hier sei der Hinweis erlaubt, dass sich als Erklärung für die außergewöhnlich lange Laufzeit der Verfahren an diesem Gericht der Schwierigkeitsgrad der dort verhandelten Verfahren aufdrängt, dazu unten Ziff. 3.3.3. Das Gericht mit der Ziffer 1) in dieser Folie ist das Gericht mit der Ziffer 1) aus der Folie „Schwierigkeitsgrad alle Jahre“ (Folie 54) und gleichzeitig das Gericht mit der Ziffer 21) aus der Folie „Abgeschlossene Strafkammerverfahren pro 100.000 Einwohner“ (Folie 17).

Festzuhalten ist außerdem, dass bei einzelnen Gerichten die Haftsachen doppelt so schnell (nämlich in etwa 100 Tagen) erledigt werden wie an anderen Gerichten (etwa 200 Tage).

Ein ähnliches Bild im Hinblick auf die Laufzeiten ergibt sich für das Jahr 2014. Das Gericht mit der Ziffer 1 ist das gleiche wie im Jahr 2013.

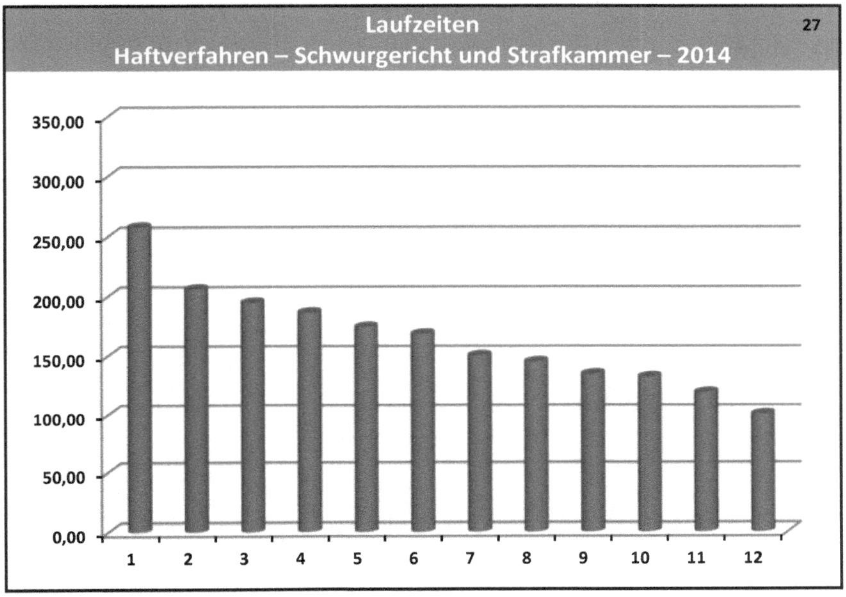
Laufzeiten
Haftverfahren – Schwurgericht und Strafkammer – 2014
27
350,00
300,00
250,00
200,00
150,00
100,00
50,00
0,00
1
2
3
4
5
6
7
8
9
10
11
12

Betrachtet man die Jugendkammern bei den Haftsachen im Jahr 2013, fällt auf, dass aus dem Celler Bezirk das Gericht mit der Ziffer 20) besonders schnell ist. Dies passt zu der hohen Zahl der dort abgeschlossenen Jugendkammerverfahren (siehe oben Folien 19 - 21).

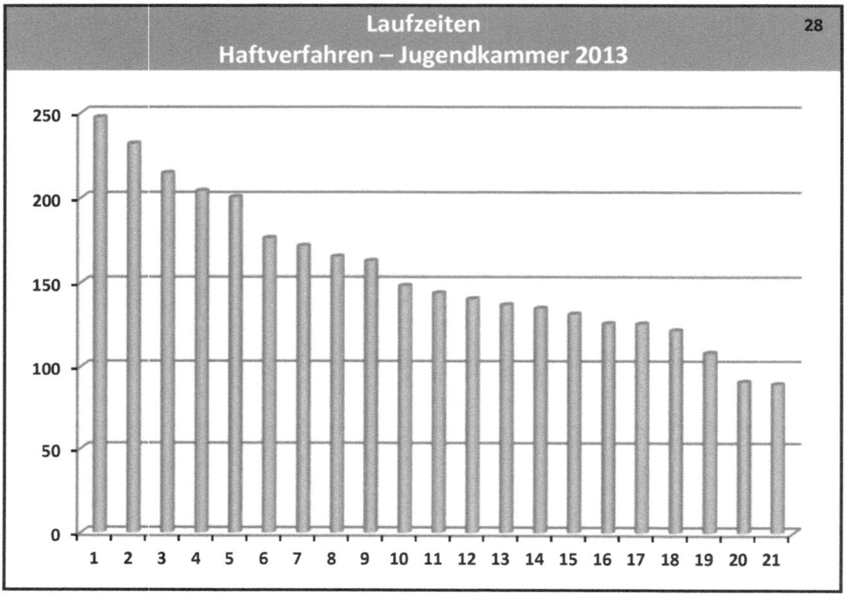

Bei den Nichthaftsachen ergibt sich folgendes Bild für die einzelnen Gerichte, wobei hier nur die allgemeinen Strafkammern (inkl. Schwurgericht) dargestellt werden sollen:

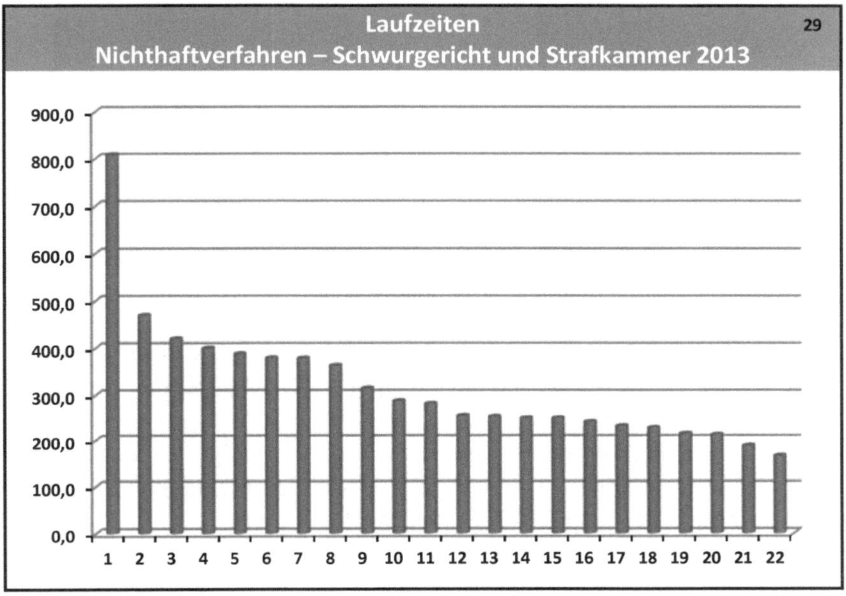

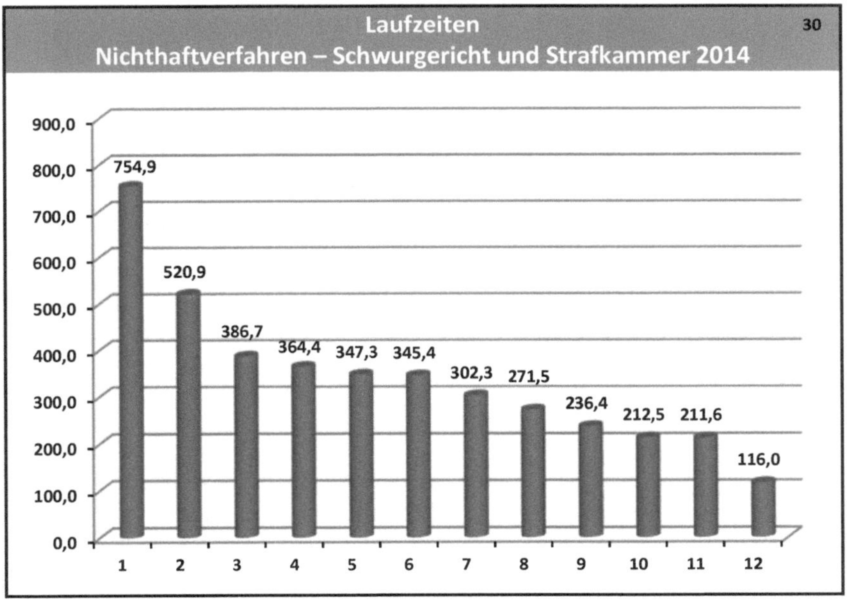

Das Gericht unter Ziffer 1) ist jeweils dasselbe wie bei den Haftsachen.

Fakt 6: Laufzeiten

6.1 Die Laufzeiten bei den Haftsachen haben sich im Erhebungszeitraum bei den allgemeinen Strafkammern nur geringfügig verlängert, ebenso bei den Jugendkammern. Sie liegen bei etwa 150 Tagen.
6.2 Die Dauer der Nichthaftsachen hat sich in den Strafkammerverfahren etwas verkürzt, Wirtschaftssachen haben sich verlängert. Bei den allgemeinen Strafkammern und bei den Jugendkammern liegen die Werte bei etwa 300 Tagen. Wirtschaftssachen dauern etwa doppelt so lange.
6.3 Damit dauern Nichthaftsachen vor den allgemeinen Strafkammern und Jugendkammern etwa doppelt so lange wie Haftsachen.
6.4 Bei einzelnen Gerichten werden die Haftsachen durchschnittlich doppelt so schnell (nämlich in etwa 100 Tagen) erledigt wie an anderen Gerichten (etwa 200 Tage). Auch bei den Nichthaftsachen gibt es ähnliche Unterschiede (etwa 200 Tage zu etwa 400 Tagen).
6.5 Schnelle Laufzeiten korrespondieren nicht immer mit einer hohen Anzahl eingesetzter Richterarbeitskraftanteile.

3.2.2 Anzahl und Dauer der Hauptverhandlungstage

Festzustellen ist auch, dass bei dem Gericht mit der Ziffer 1) aus den Folien „ Laufzeiten“ (Folien 26 und 27) eine enorm hohe Anzahl an Hauptverhandlungstagen benötigt wird, um die Haftverfahren abzuschließen.

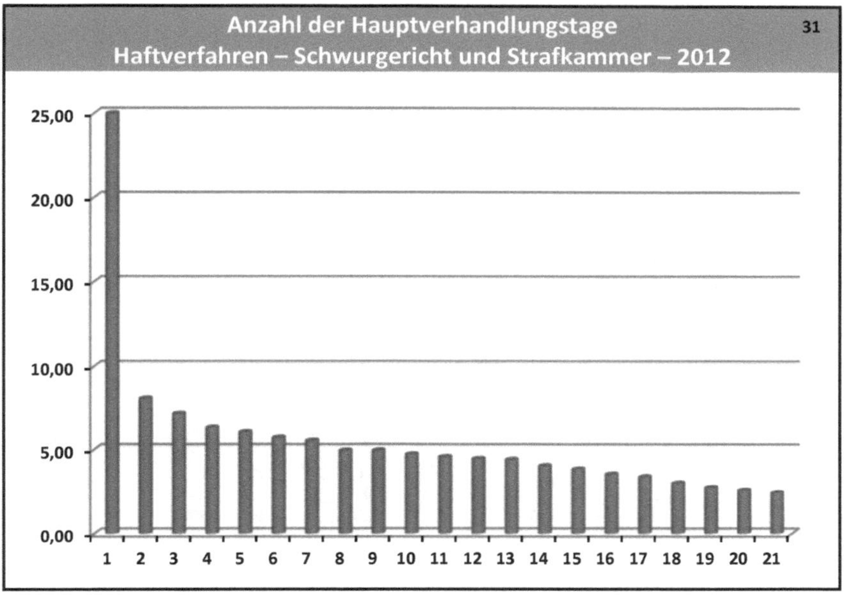
Anzahl der Hauptverhandlungstage
Haftverfahren – Schwurgericht und Strafkammer – 2012
31
25,00
20,00
15,00
10,00
5,00
0,00
1 2 3 4 5 6 7 8 9 10 11 12 13 14 15 16 17 18 19 20 21

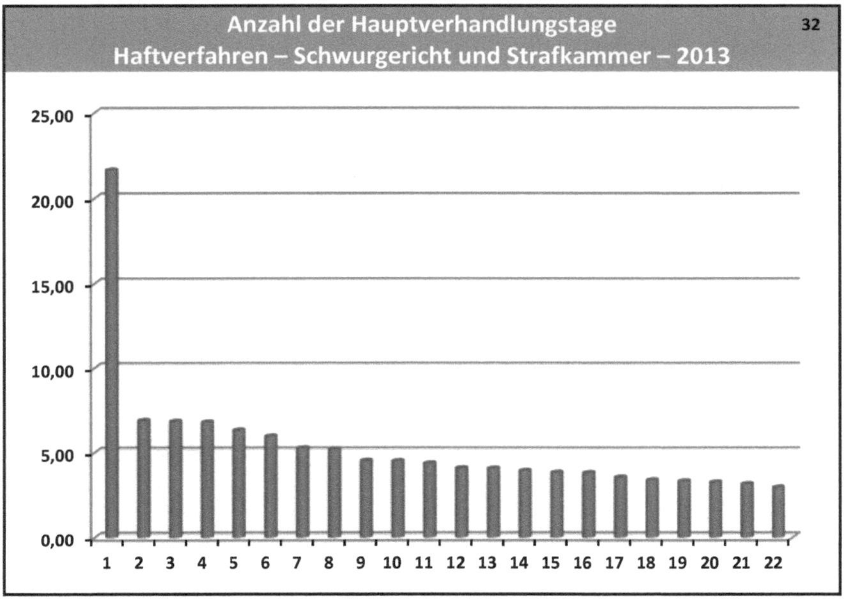
Anzahl der Hauptverhandlungstage
Haftverfahren – Schwurgericht und Strafkammer – 2013
32
25,00
20,00
15,00
10,00
5,00
0,00
1 2 3 4 5 6 7 8 9 10 11 12 13 14 15 16 17 18 19 20 21 22

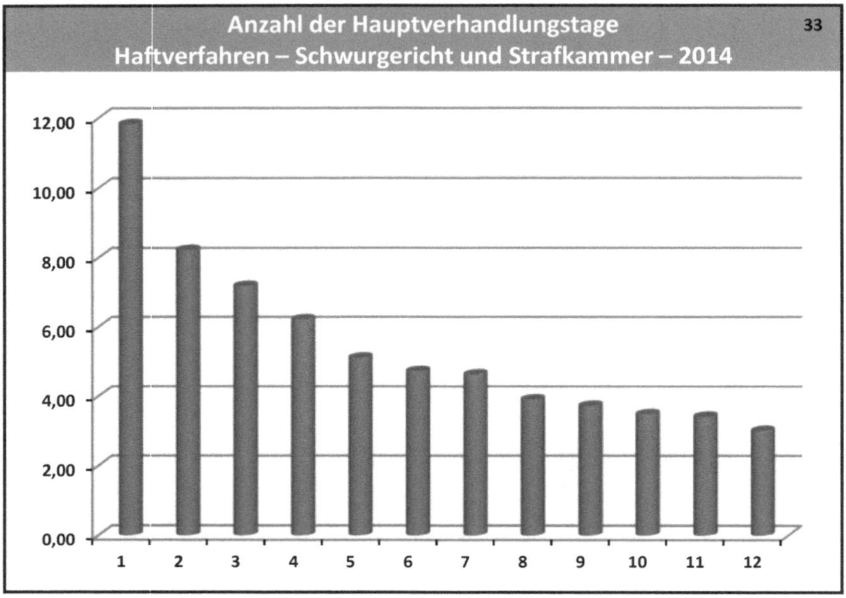

Das Gericht mit der Ziffer 1) ist jeweils das gleiche Gericht, identisch mit dem Gericht mit der Ziffer 1) aus der Folie „Laufzeiten“, Folien 26 und 27.

Interessant ist jedoch, dass über die Jahre der Durchschnittswert zur Anzahl der Hauptverhandlungstage in den allgemeinen Strafkammern/dem Schwurgericht insgesamt gestiegen ist:

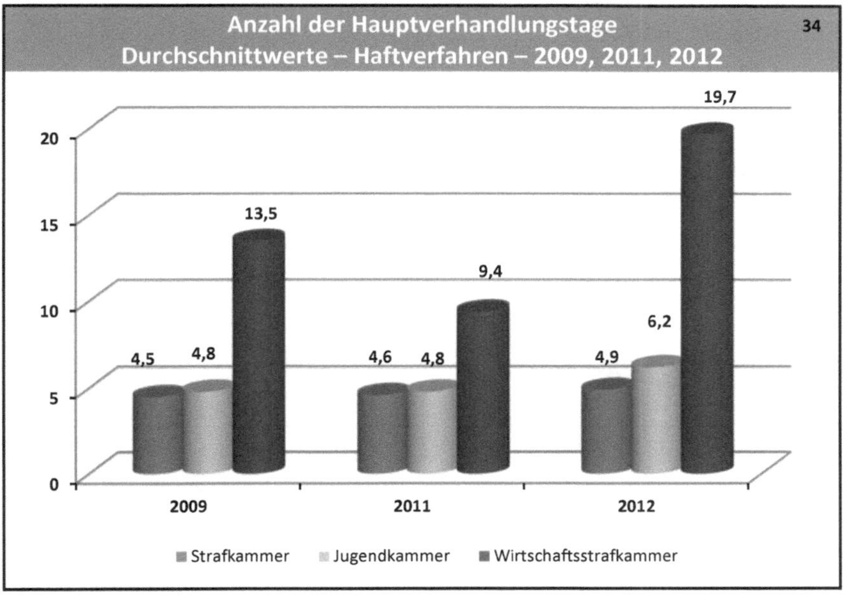
Anzahl der Hauptverhandlungstage
Durchschnittwerte – Haftverfahren – 2009, 2011, 2012
34
20
15
10
5
0
4,5
4,8
13,5
4,6
4,8
9,4
4,9
6,2
19,7
2009
2011
2012
Strafkammer
Jugendkammer
Wirtschaftsstrafkammer

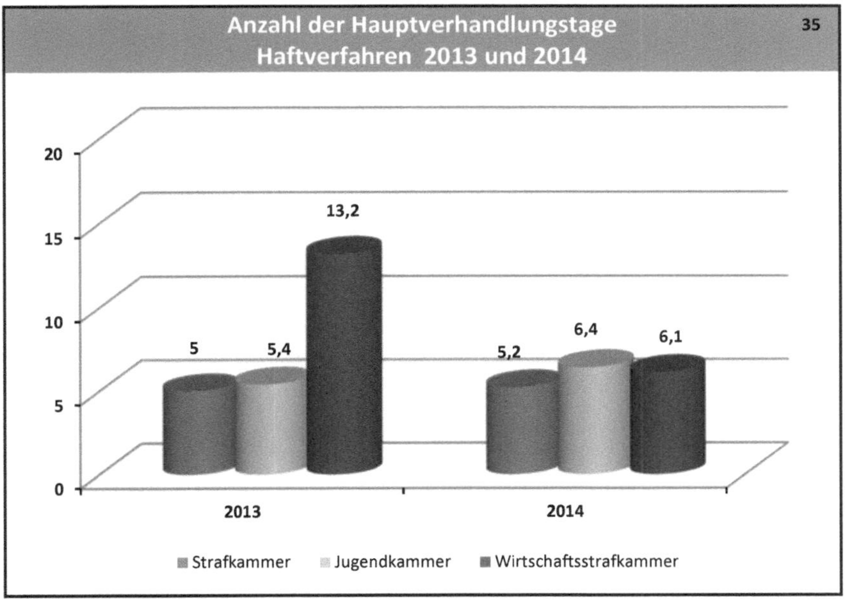
Anzahl der Hauptverhandlungstage
Haftverfahren 2013 und 2014
35
20
15
10
5
0
5
5,4
13,2
5,2
6,4
6,1
2013
2014
Strafkammer
Jugendkammer
Wirtschaftsstrafkammer

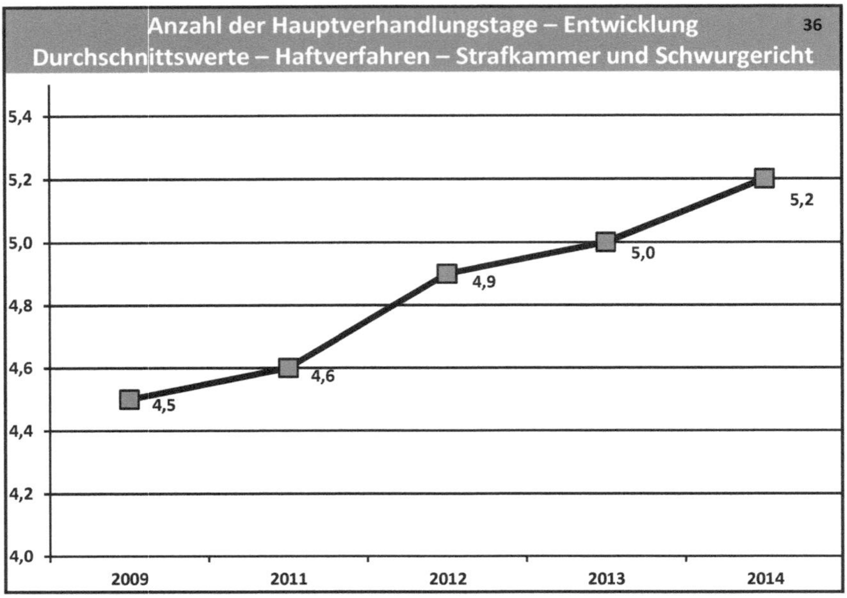
Anzahl der Hauptverhandlungstage – Entwicklung
Durchschnittswerte – Haftverfahren – Strafkammer und Schwurgericht
36
5,4
5,2
5,0
4,8
4,6
4,4
4,2
4,0
4,5
4,6
4,9
5,0
5,2
2009
2011
2012
2013
2014

Für die Nichthaftsachen ergibt sich folgendes Bild:

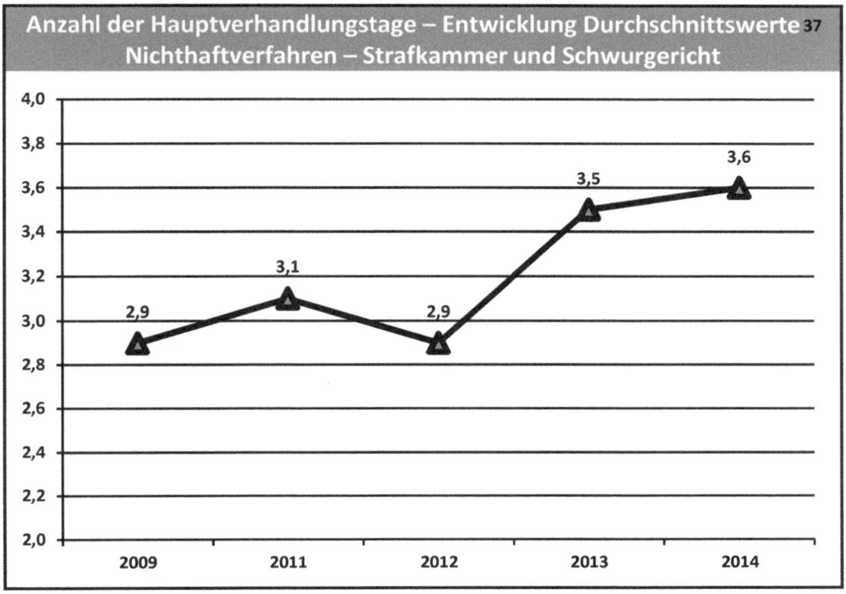

Dieses Untersuchungsergebnis zeigt eine deutliche Veränderung gegenüber der Untersuchung von Dölling/Feltes, die sich auf Verfahren aus den Jahren 1994 und 1995 bezog. Dort war für die 719 untersuchten Verfahren aus den Ballungsgebieten ein Mittelwert von 3,3 Hauptverhandlungstagen ermittelt worden, für die 146 Verfahren aus Karlsruhe ein Wert von durchschnittlich nur 2,0 Hauptverhandlungstagen.[8] Die damalige Untersuchung hat allerdings nicht nach Haft- und Nichthaftsachen differenziert. Zusätzlich ist zu berücksichtigen, dass in der damaligen Untersuchung nicht nach den unterschiedlichen Kammern differenziert wurde, also insbesondere im Mittelwert auch die Werte aus Wirtschaftsstrafverfahren enthalten sind. Diese hatten in den Ballungsgebieten gesamt 8,4 % der Verfahren ausgemacht.[9]

Um eine annähernde Vergleichbarkeit mit den Ergebnissen der damaligen Untersuchung zu gewährleisten, haben wir zu dieser Frage - durch-

8 Dölling/Feltes., a.a.O., S. 109.
9 Dölling/Feltes, a.a.O., S. 109.

schnittliche Anzahl der Hauptverhandlungstage - eine zusammenfassende Auswertung der Haft- und Nichthaftsachen für die Verfahren vor den allgemeinen Strafkammern und dem Schwurgericht vorgenommen:

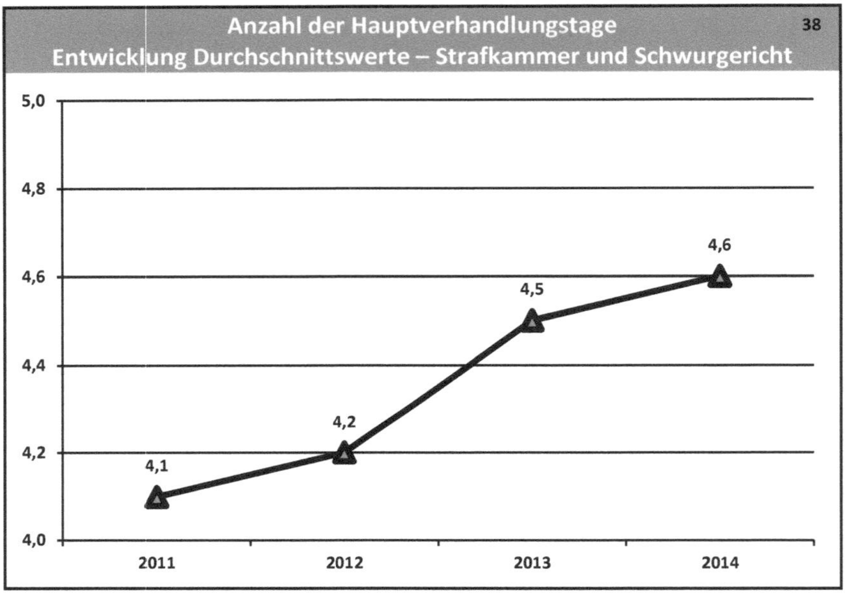

Es zeigt sich, dass die durchschnittliche Anzahl der Hauptverhandlungstage gegenüber den Jahren 1994/1995 deutlich angestiegen ist, wobei zusätzlich zu berücksichtigen ist, dass in der damaligen Auswertung auch Wirtschaftsstrafverfahren enthalten waren, die - das hat unsere Untersuchung gezeigt - grundsätzlich länger dauern als die Verfahren vor den allgemeinen Strafkammern/dem Schwurgericht.

Untersucht haben wir auch die durchschnittliche Dauer der Hauptverhandlung pro Tag in Minuten. In der Untersuchung von Dölling/Feltes war die Minutenzahl der gesamten Hauptverhandlung abgefragt worden. Dies hatte für die Ballungsgebiete einen Wert von 611,9 Minuten ergeben.[10] Teilt man dies durch den Mittelwert der Anzahl der Hauptverhandlungstage (bei nicht ganz identischer Fallzahl) ergibt sich ein Wert von 185 Minuten pro Hauptverhandlungstag. Für die Verfahren aus Karlsruhe ergibt sich

10 Dölling/Feltes, a.a.O., S. 108.

auf diese Weise ein Wert von 261 Minuten in der damaligen Untersuchung.

Innerhalb dieser Spannbreite bewegen sich auch die Ergebnisse unserer Untersuchung, die hier für die Haftsachen dargestellt werden. In den Nichthaftsachen wird nach unserer Untersuchung ähnlich lange verhandelt wie in den Haftverfahren.

Aus der nachfolgenden Folie ergibt sich, dass der Wert der durchschnittlichen, täglichen Verhandlungsdauer im Querschnitt aller Verfahren über die Jahre ohne Auffälligkeiten ist. Über alle Jahre gibt es hier vor den allgemeinen Strafkammern einschließlich Schwurgericht nur eine Schwankungsbreite von etwa 10 Minuten.

In Jugendsachen kann man von einem ähnlichen Mittelwert ausgehen:

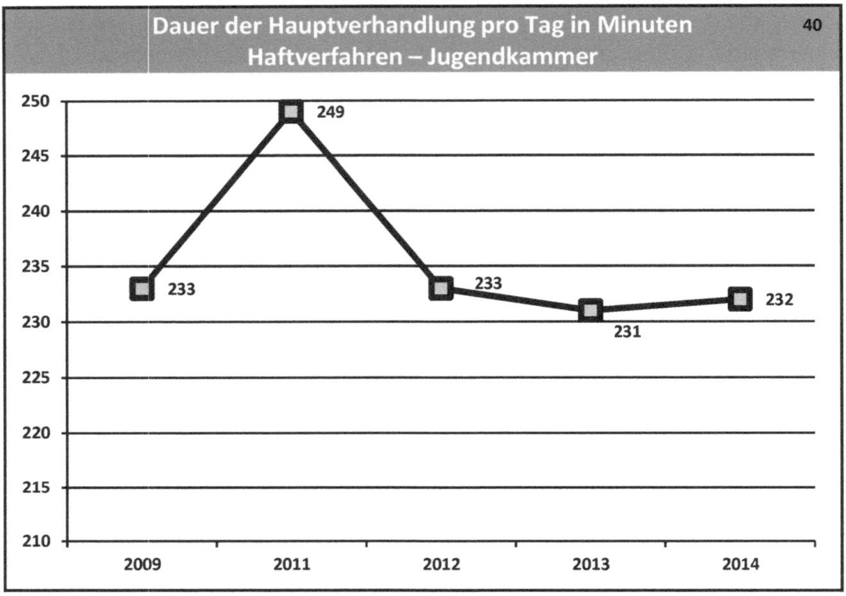

In Wirtschaftssachen gibt es etwas größere Schwankungen, aber ebenfalls einen ähnlichen Mittelwert:

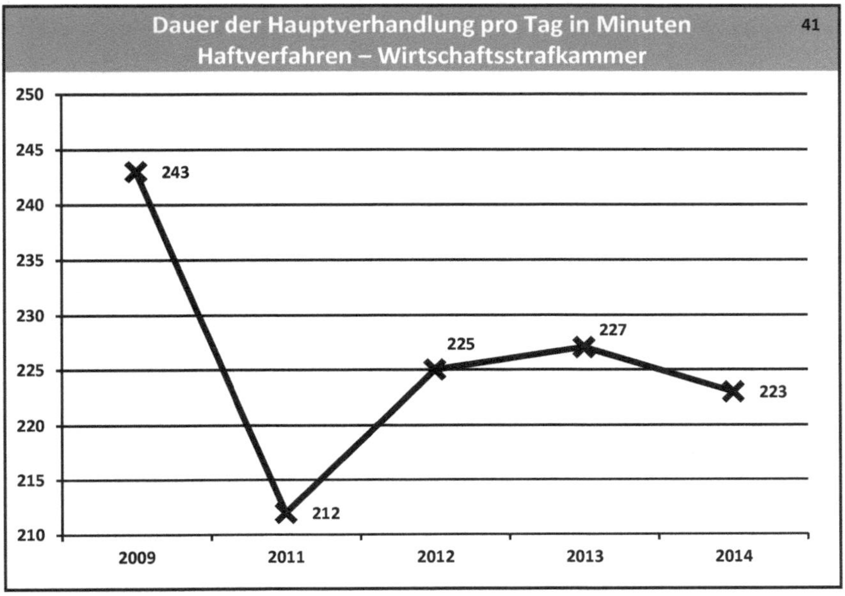

Betrachtet man die einzelnen Gerichte, ist die Schwankungsbreite größer:

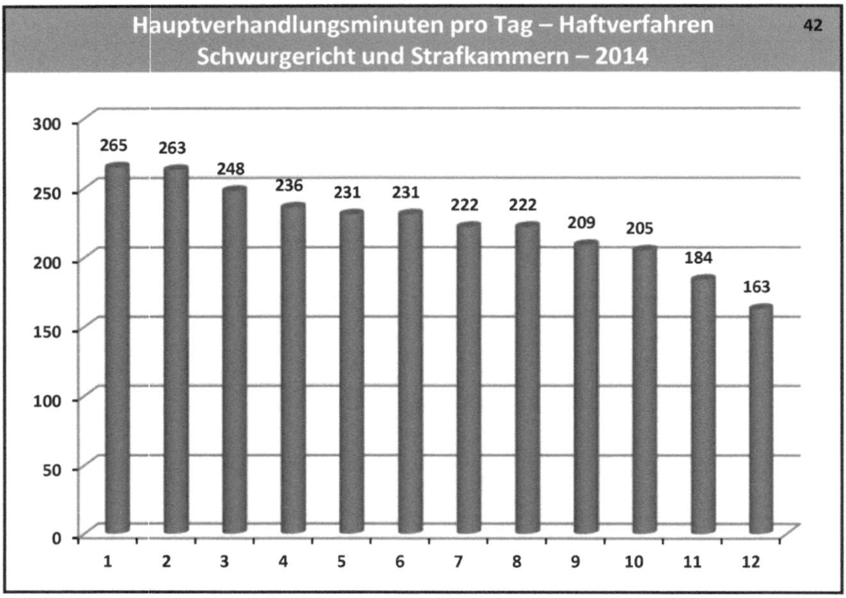

Fakt 7: Anzahl und Dauer der Hauptverhandlungstage

7.1 Die durchschnittliche Anzahl an Hauptverhandlungstagen pro abgeschlossenem Haftverfahren vor den allgemeinen Strafkammern und dem Schwurgericht ist von 2009 bis 2014 von 4,5 auf 5,2 gestiegen.

7.2 Die durchschnittliche Dauer der Hauptverhandlungstage in Haftsachen liegt im Erhebungszeitraum bei nur geringen Schwankungen in allen Verfahrensarten bei etwa 230 Minuten.

7.3 Die Schwankungsbreite bei der Anzahl der Hauptverhandlungsminuten pro Tag in den Haftsachen lag im Jahr 2014 zwischen den einzelnen Gerichten bei etwa 100 Minuten.

3.2.3 Vollstreckungsabschlag

Ein weiteres Ergebnis der Datenerhebung ist, dass bei den unterschiedlichen Gerichten in unterschiedlichem Umfang ein Vollstreckungsabschlag gewährt werden musste. Erfreulicherweise spielt die Gewährung von Vollstreckungsabschlägen in Haftverfahren nur bei den Wirtschaftsverfahren eine Rolle. Bei den Nichthaftverfahren ist das Problem jedoch deutlich größer:

Vollstreckungsabschlag Haftverfahren – nur Strafkammer 43

	kein Vollstreckungsabschlag	gewährter Vollstreckungsabschlag
2009	98,2 %	1,8 %
2011	98,7 %	1,3 %
2012	99,0 %	1,0 %
2013	98,8 %	1,2 %
2014	99,1 %	0,9 %

Vollstreckungsabschlag Haftverfahren – Jugendkammer		44
	kein Vollstreckungsabschlag	gewährter Vollstreckungsabschlag
2009	99,5 %	0,5 %
2011	98,4 %	1,6 %
2012	99,4 %	0,6 %
2013	98,9 %	1,1 %
2014	98,7 %	1,3 %

Vollstreckungsabschlag Haftverfahren – Wirtschaftsstrafkammer		45
	kein Vollstreckungsabschlag	gewährter Vollstreckungsabschlag
2009	83,9 %	16,1 %
2011	88,9 %	11,1 %
2012	95,2 %	4,8 %
2013	91,4 %	8,6 %
2014	87,5 %	12,5 %

Vollstreckungsabschlag Nichthaftverfahren 46						
	Schwurgericht und Strafkammer		Jugendkammer		Wirtschafts-strafkammer	
	kein Vollstr.-Abschlag	Vollstr.-Abschlag	kein Vollstr.-Abschlag	Vollstr.-Abschlag	kein Vollstr.-Abschlag	Vollstr.-Abschlag
2009	88,5 %	11,5 %	89,1 %	10,9 %	74,5 %	25,5 %
2011	92,3 %	7,7 %	91,4 %	8,6 %	75 %	25 %
2012	93,4 %	6,6 %	98,4 %	1,6 %	77,6 %	22,4 %
2013	94,3 %	5,7 %	98,5 %	1,5 %	65,3 %	34,7 %
2014	92,2 %	7,8 %	98,5 %	1,5 %	70 %	30 %

Natürlich können die Verzögerungen, die zu dem Vollstreckungsabschlag geführt haben, auch im Ermittlungsverfahren gelegen haben. Dennoch besteht für die hier erfassten Gerichte Anlass, den Ursachen für diesen Befund nachzugehen.

Fakt 8: Vollstreckungsabschlag

8.1 In Haftsachen wurde ein Vollstreckungsabschlag vor den allgemeinen Strafkammern und den Jugendkammern in weniger als 2 % aller Verfahren gewährt, in Wirtschaftssachen schwankt dieser Anteil von Jahr zu Jahr zwischen 4,8 % und 16,1 %.

8.2 In Nichthaftsachen wurde ein Vollstreckungsabschlag deutlich häufiger gewährt. Bei den Wirtschafssachen liegt der Anteil dieser Verfahren bei etwa einem Viertel bis einem Drittel. In Jugendsachen lag der Anteil in den letzten drei Jahren bei unter 2%, bei den allgemeinen Strafkammern in den letzten 4 Jahren zwischen 5 % und 8 %.

3.3 Mögliche Ursachen für die unterschiedlichen Verfahrensdauern und den unterschiedlichen Personaleinsatz

Im Folgenden sollen die möglichen Ursachen dafür dargestellt werden, dass es bei den einzelnen Landgerichten zu solch unterschiedlichen Verfahrensdauern kommt. Gleichzeitig können dies die Ursachen dafür sein, warum der Richterpersonaleinsatz in den Strafkammern so unterschiedlich ist, bzw. dafür, dass unterschiedlicher Personaleinsatz jedenfalls erforderlich ist. Ein Schwerpunkt der Untersuchung lag dabei naturgemäß auf einer Ursachensuche für das Gericht aus dem Celler Bezirk, das oben in der Folie „Anzahl Abgeschlossene Strafkammerverfahren pro 100.000 Einwohner" auf Platz 21 (2013) (hier Folie 17) lag und bei der Folie „Laufzeiten" auf Platz 1 (2013, 2014, hier Folien 26 und 27) , obwohl bei diesem Gericht ein hoher Anteil an Arbeitskraftanteilen pro 100.000 Einwohner zu verzeichnen war.

3.3.1 Prozentuales Verhältnis der verhandelten zu den nicht verhandelten Verfahren

Eine mögliche Ursache für unterschiedlichen Personalbedarf und unterschiedliche Verfahrensdauern kann in einem unterschiedlichen prozentualen Verhältnis zwischen verhandelten und nicht verhandelten Verfahren liegen. In der Datenerhebung haben wir erfasst, ob die Verfahren nach einer mündlichen Hauptverhandlung oder ohne eine solche erledigt wurden, also etwa im Wege einer Verfahrenseinstellung nach den §§ 154, 153 a StPO, durch Anklagerücknahme oder Nichteröffnung.

Mit den folgenden Folien wird dieses Verhältnis dargestellt für die Verfahren, die bei den beteiligten Landgerichten vor den allgemeinen Strafkammern und dem Schwurgericht abgeschlossen wurden:

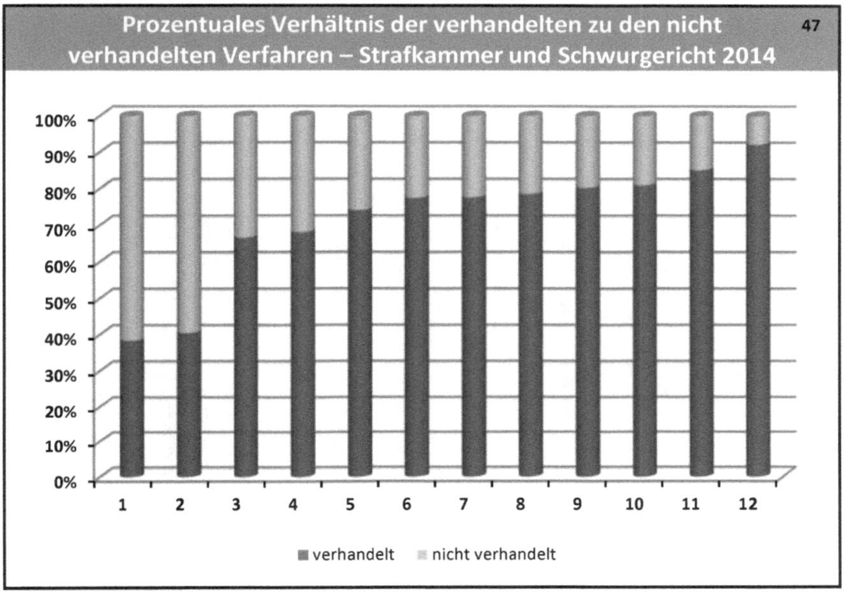
Prozentuales Verhältnis der verhandelten zu den nicht verhandelten Verfahren – Strafkammer und Schwurgericht 2014
47
100%
90%
80%
70%
60%
50%
40%
30%
20%
10%
0%
1 2 3 4 5 6 7 8 9 10 11 12
verhandelt
nicht verhandelt

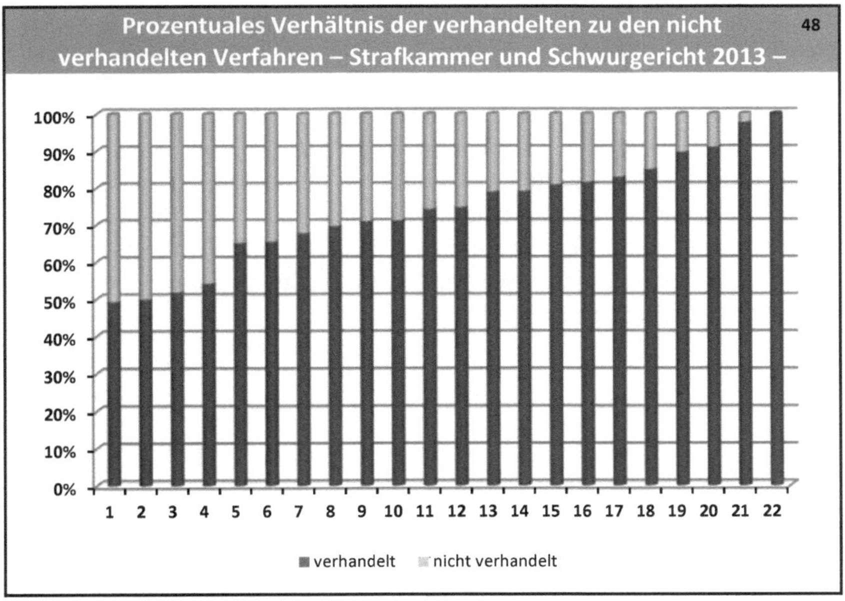
Prozentuales Verhältnis der verhandelten zu den nicht verhandelten Verfahren – Strafkammer und Schwurgericht 2013 –
48
100%
90%
80%
70%
60%
50%
40%
30%
20%
10%
0%
1 2 3 4 5 6 7 8 9 10 11 12 13 14 15 16 17 18 19 20 21 22
verhandelt
nicht verhandelt

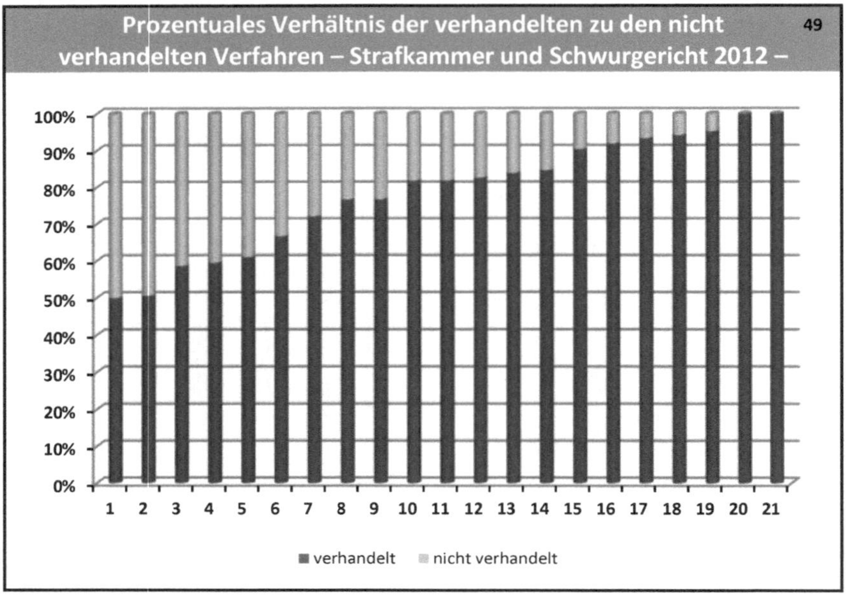

Hier sind große Unterschiede erkennbar. Von einigen Gerichten werden über 50 % der Verfahren ohne Hauptverhandlung abgeschlossen, während an anderen Landgerichten nahezu alle Verfahren nach einer Hauptverhandlung abgeschlossen werden müssen. Dabei ist nicht auszuschließen, dass bei den Gerichten mit den höchsten Werten auch Erhebungsfehler zugrunde liegen. Jedenfalls für das Gericht mit der Ziffer 12) im Jahr 2014, Ziffer 19) im Jahr 2013 und Ziffer 20) im Jahr 2012 (Gericht mit der Ziffer 21) aus der Folie 17, Anzahl abgeschlossener Strafkammerverfahren) kann dies jedoch ausgeschlossen werden, da hier unter diesem Aspekt eine spezielle Nacherhebung erfolgt ist.

Ähnlich große Unterschiede gibt es bei den Jugendkammern:

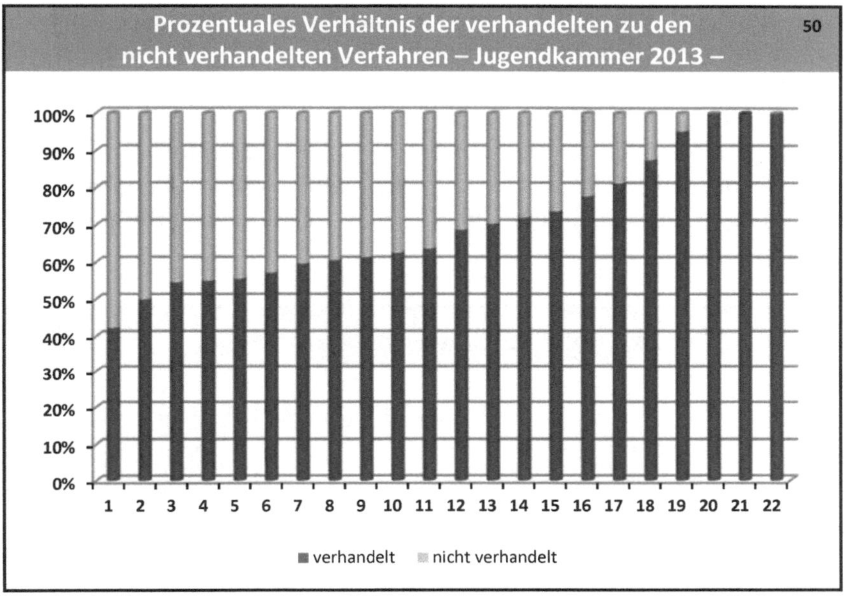

Ein ähnliches Bild ergibt sich, wenn man den Anteil langer und abgekürzter Urteile bei den einzelnen Landgerichten vergleicht: Hier hatte beispielsweise im Jahr 2013 bei den Strafkammer- und Schwurgerichtsverfahren das Gericht mit der Ziffer 19) (Folie 48) mit knapp 70 % Anteil langer Urteile den zweithöchsten Wert.

Fakt 9: Prozentuales Verhältnis der verhandelten zu den nicht verhandelten Verfahren

9. Von einzelnen Gerichten werden über 50 % aller Verfahren ohne Hauptverhandlung abgeschlossen, von anderen Gerichten weniger als 10 %.

3.3.2 Anteil der Haftsachen

Eine mögliche Ursache für hohen Personaleinsatz ist sicherlich auch der Anteil an Haftsachen. Denn ein hoher Anteil an Haftsachen erfordert im Hinblick auf den Beschleunigungsgrundsatz eine auskömmliche Ausstattung des Gerichts mit Strafkammern.

Auch im Hinblick auf den prozentualen Anteil der Haftsachen ergibt sich ein deutlicher Unterschied zwischen den einzelnen Gerichten. Zur Verteilung im Jahr 2013 kann erneut Folie 6 herangezogen werden, hier Folie 51:

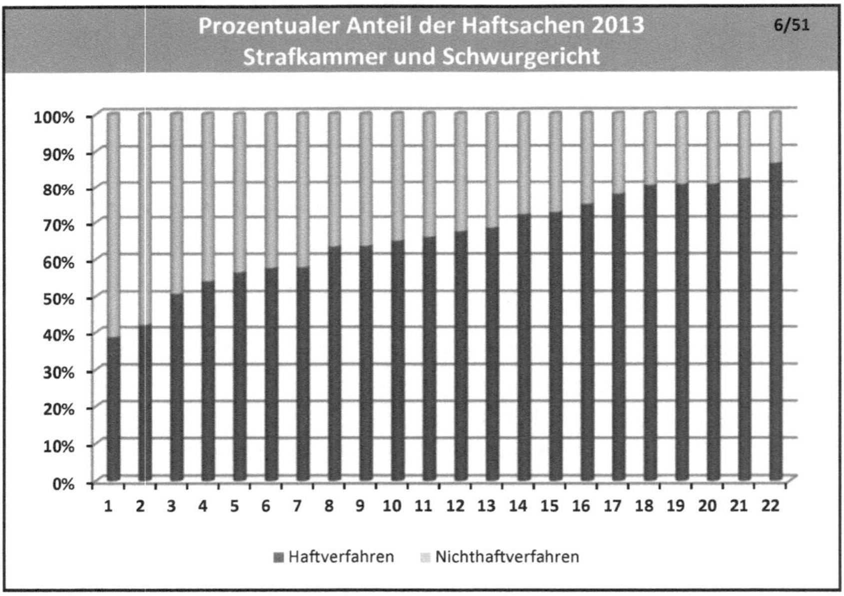

Das Gericht mit der Ziffer 21) aus den Folien „Anzahl abgeschlossener Strafkammerverfahren" (Folien 16 und 17) liegt hier auf Platz 19, hat also einen hohen Anteil an Haftsachen bei den erledigten Verfahren.

Auch im Jahr 2014 gab es große Unterschiede zwischen den beteiligten Gerichten. Der Anteil an Haftsachen an den erledigten Verfahren schwankte von knapp über 40 % bis knapp über 80 %. Auch in diesem Jahr hatte das Gericht mit der Ziffer 21) aus den Folien „Anzahl abgeschlossene Strafkammerverfahren" (Folien 16 und 17) einen hohen Anteil an Haftsachen, es ist in der nachfolgenden Folie das Gericht mit der Ziffer 9).

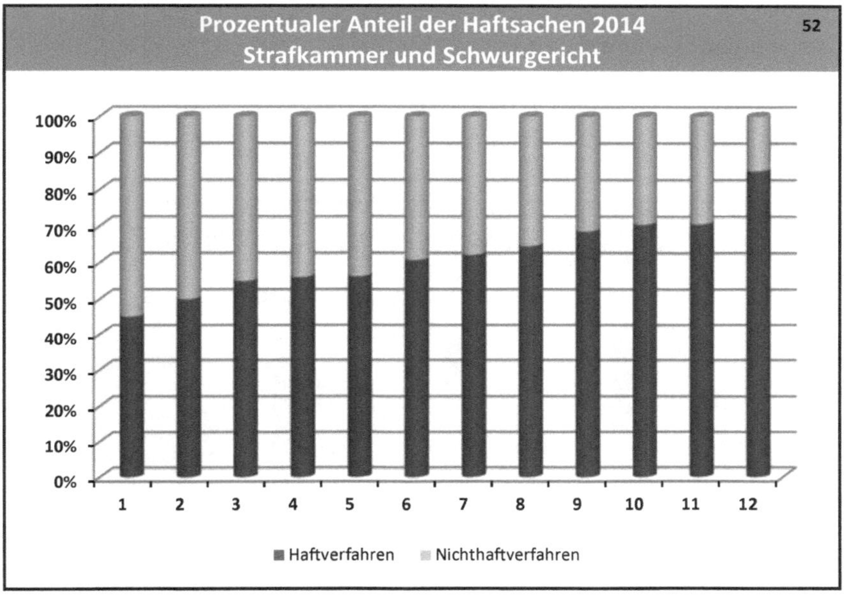

Im Übrigen scheint sich bei einem Vergleich der einzelnen Gerichte kein Zusammenhang zwischen dem prozentualen Anteil der Haftsachen, den Laufzeiten und den eingesetzten Richterarbeitskraftanteilen zu ergeben.

Fakt 10: Prozentualer Anteil an Haftsachen im Verhältnis zu Laufzeiten und eingesetzten Richterarbeitskraftanteilen

10.1 Der prozentuale Anteil an Haftsachen ist von Gericht zu Gericht sehr unterschiedlich: von unter 40 % bis über 80 %.

10.2 Ein hoher Anteil an Haftsachen bedeutet nicht zwangsläufig, dass die Laufzeiten kürzer sind.

10.3 Ein hoher Anteil an Haftsachen bedeutet nicht zwangsläufig eine hohe Zahl eingesetzter Richterarbeitskraftanteile.

3.3.3 Schwierigkeit der Verfahren

Um die Unterschiedlichkeit der Verfahren in der Datenerhebung besser abzubilden, ist auch die Schwierigkeit der einzelnen erledigten Verfahren erfasst worden (s.o. unter 2.6).

Die nachfolgende Folie verschafft einen Überblick über die durchschnittlichen Schwierigkeitsgrade der erfassten Verfahren in den Jahren 2011 bis 2014.

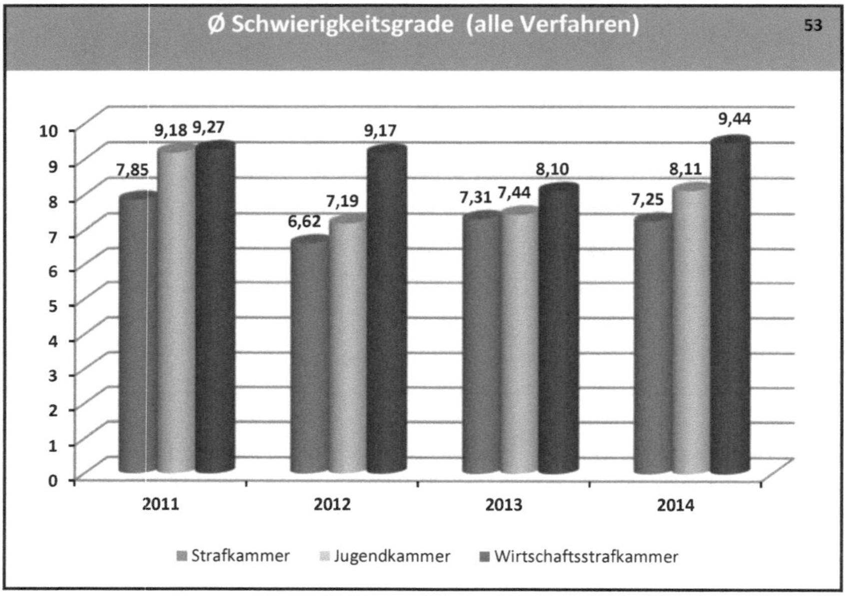

Hier ist zunächst erneut darauf hinzuweisen, dass der obige Wert für die Wirtschaftsstrafsachen im Verhältnis zu den Jugendkammer- und Strafkammersachen sicherlich zu niedrig ist, da die spezielle Schwierigkeit von Wirtschaftsstrafsachen in der Arbeitsgruppe nicht im Fokus stand. Beispielsweise wurden für den Aktenumfang keine Kategorien vergeben, die den erheblichen Aktenumfang bei Wirtschaftsstrafverfahren widerspiegeln.

Über die Jahre zeigt sich aber auch für die allgemeinen Strafkammersachen (einschließlich Schwurgerichtssachen) kein eindeutiger Trend.

Interessant ist jedoch der Vergleich der einzelnen Landgerichte miteinander:

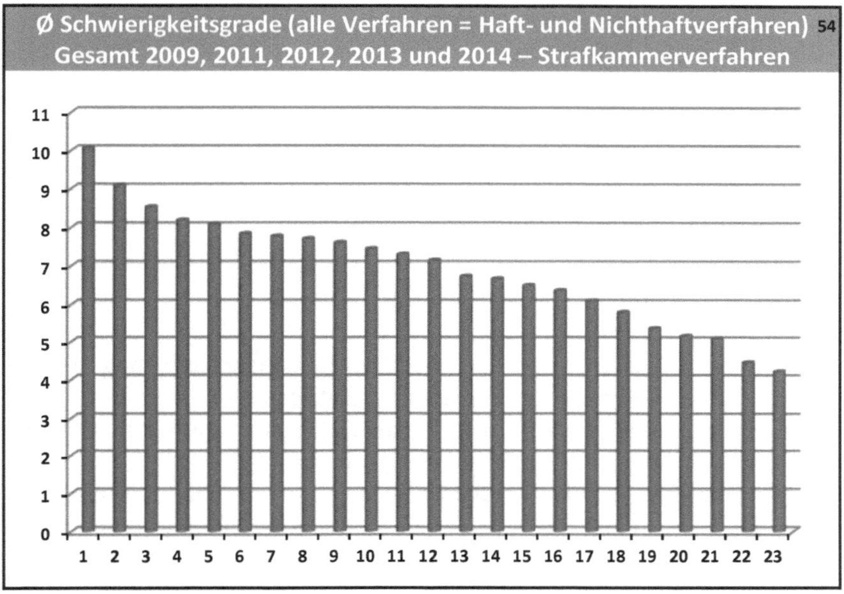

Betrachtet man die durchschnittlichen Schwierigkeitsgrade aller verhandelten Verfahren vor dem Schwurgericht und den großen Strafkammern in allen Erhebungsjahren, liegt auf dem ersten Platz das Gericht mit der Ziffer 21) bei der Anzahl der abgeschlossenen Strafkammerverfahren pro 100.000 Einwohner (Folien 16 und 17) und das Gericht mit der Ziffer 1) bei den Laufzeiten (Folien 26 und 27, 29 und 30). Die obige Folie zeigt die Schwierigkeitsgrade nur für die Strafkammerverfahren. Auch bei den Schwurgerichtsverfahren liegt dieses Gericht auf dem ersten Platz hinsichtlich der Schwierigkeitsgrade.

Fakt 11: Schwierigkeitsgrade

11.1 Die Schwierigkeitsgrade der Verfahren vor den allgemeinen Strafkammern und den Jugendkammern sind im Erhebungszeitraum unterschiedlich ohne klare Tendenz.

11.2 Bei einzelnen Gerichten gibt es einen deutlichen Zusammenhang zwischen einem hohen Schwierigkeitsgrad und einer langen Laufzeit der Verfahren, insbesondere bei dem Gericht, das jeweils auf Platz 1 liegt.

3.3.4 Kammerbesetzung

Eine weitere Ursache für unterschiedlichen Personaleinsatz mag auch in der unterschiedlichen Kammerbesetzung (Zweier- oder Dreierbesetzung) liegen, in der verhandelt wird und die sicherlich mit dem Schwierigkeitsgrad, der eben dargestellt wurde, korrespondiert.

Die nachfolgende Folie verschafft zunächst einen Überblick über den Anteil der Zweier- und Dreierbesetzung in den Strafkammerverfahren bezogen auf alle beteiligten Gerichte und in den verschiedenen Erhebungsjahren, wobei hier zunächst die Haftsachen wiedergegeben werden:

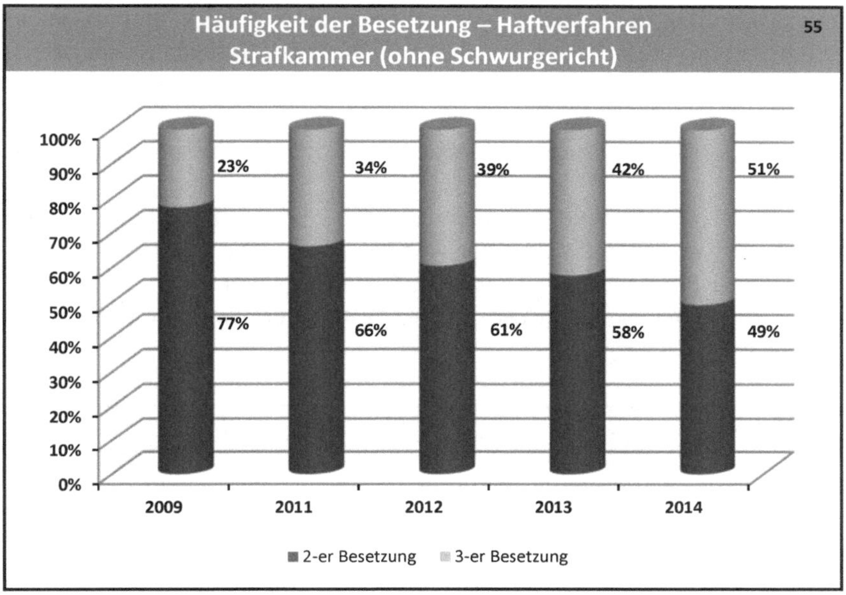

Bei der Analyse dieses Befundes ist zunächst zu berücksichtigen, dass durch den Beschluss des BGH vom 07.07.2010 - 5 StR 555/09 -[11] eine maßgebliche Änderung der Rechtslage eingetreten ist. In diesem Beschluss hatte der BGH klargestellt, dass der Rechtsbegriff des „Umfangs der Sache“ dahingehend zu konturieren sei, dass zumindest bei einer im Zeitpunkt der Eröffnung des Hauptverfahrens absehbaren Verhandlungsdauer von wenigstens 10 Hauptverhandlungstagen grundsätzlich in Dreierbesetzung zu verhandeln ist. Diese Grenze hat der Gesetzgeber im Gesetz über die Besetzung der großen Straf- und Jugendkammern in der Hauptverhandlung vom 06.12.2011, in Kraft seit 01.01.2012, in § 76 Abs. 3 GVG aufgegriffen und weitere ausdrückliche Regelungen getroffen, wann in Dreierbesetzung zu verhandeln ist. Das Jahr 2009 sollte also bei einer vergleichenden Betrachtung der Jahre immer nur unter dieser Prämisse berücksichtigt werden. Für das Jahr 2011 gilt, dass in diesem Jahr zwar die Gesetzesänderung noch nicht in Kraft war. Die durch die Gesetzesänderung gegenüber der Rechtsprechungsänderung noch weitergehenden Regelungen zur zwingenden Dreierbesetzung in den allgemeinen Strafkam-

11 BGH NJW 2010, 3045.

mern (in Fällen der Sicherungsverwahrung, der Unterbringung in einem psychiatrischen Krankenhaus, § 76 Abs. 2 Nr. 2 GVG) dürften sich jedoch zahlenmäßig nur noch geringfügig ausgewirkt haben, denn jedenfalls in Fällen der Sicherungsverwahrung ist nach den Erfahrungen der Autorin auch vor der Gesetzesänderung nahezu nie in Zweierbesetzung verhandelt worden.

Bei einer vergleichenden Betrachtung der Jahre wird deutlich, dass der Anteil an Zweierbesetzung immer weniger wird: Daraus folgt zwangsläufig, dass der Personalbedarf in den Strafkammern steigt.

Bei den Jugendkammern steigt der Anteil der Zweierbesetzung seit 2011 wieder an:

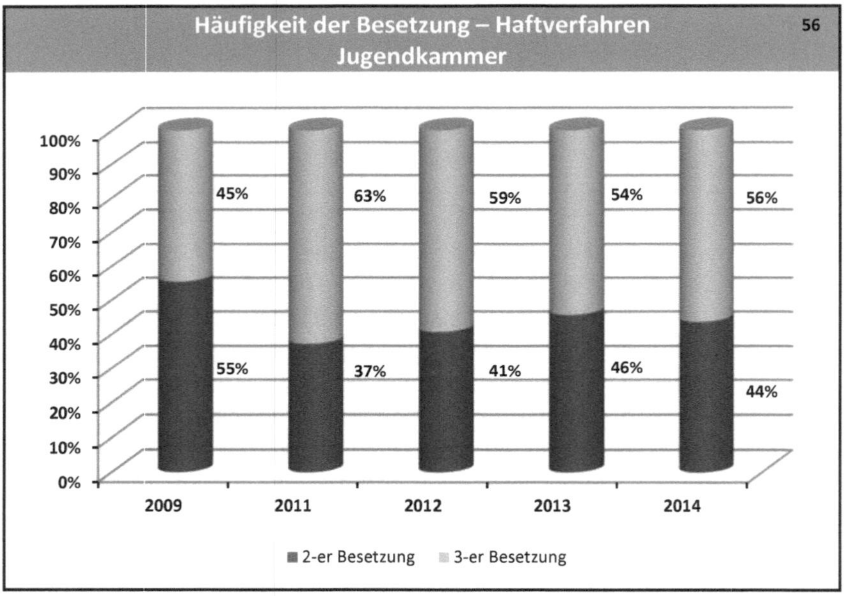

Bei den Wirtschaftsstrafsachen haben wir starke Schwankungen festgestellt, wobei hier zu berücksichtigen ist, dass § 76 Abs. 3 GVG am 01.01.2012 in Kraft getreten ist, wonach die Wirtschaftsstrafkammer in der Regel in Dreierbesetzung zu verhandeln hat:

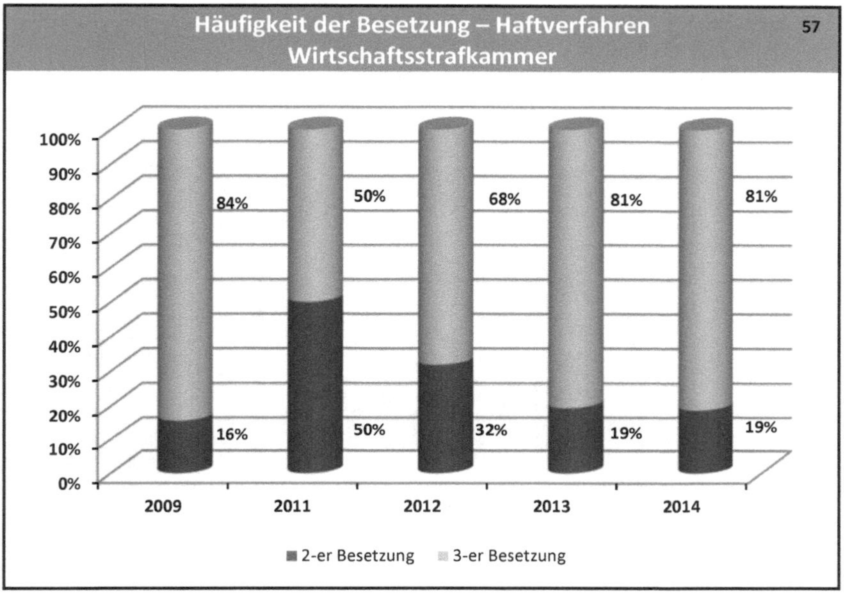
Häufigkeit der Besetzung – Haftverfahren
Wirtschaftsstrafkammer
57
100%
90%
80%
70%
60%
50%
40%
30%
20%
10%
0%
84%
16%
50%
50%
68%
32%
81%
19%
81%
19%
2009
2011
2012
2013
2014
2-er Besetzung
3-er Besetzung

Bezogen auf die einzelnen Gerichte ergeben sich deutliche Unterschiede:

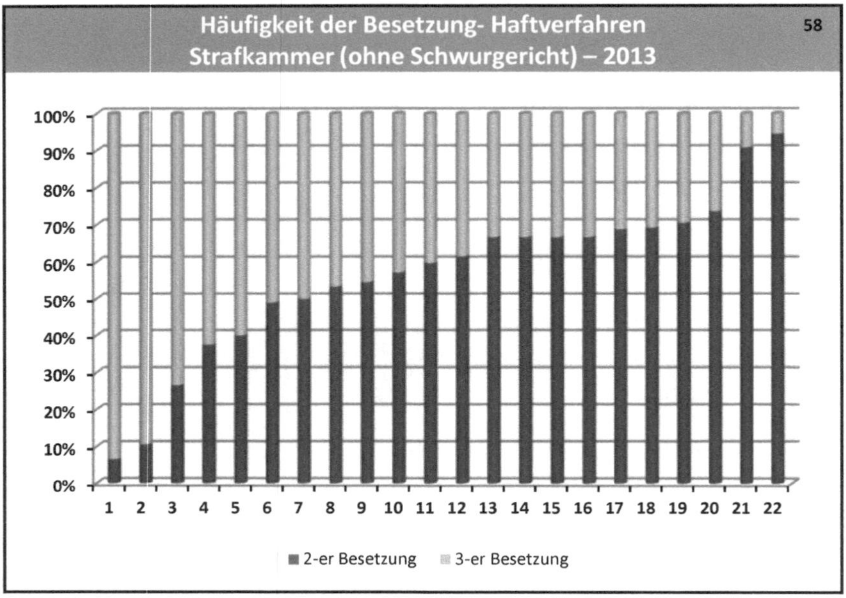

Von einzelnen Gerichten, die nahezu alle Verfahren in Dreierbesetzung verhandeln, reicht die Spanne bis zu einem anderen Gericht, in dem im Jahr 2013 90 % aller Verfahren in Zweierbesetzung verhandelt worden sind. Für den Bezirk des OLG Celle lässt sich aus der Folie entnehmen, dass jedenfalls bei den Gerichten mit den Ziffern 1) und 3) selten in Zweierbesetzung verhandelt wird. Dies entspricht den vorhin dargestellten Schwierigkeitsgraden der Verfahren an diesen Gerichten. Auch in den Vorjahren war Zweierbesetzung in diesen Gerichten im Vergleich zu den anderen Gerichten eher selten. Zu ergänzen ist, dass bei diesen Gerichten alle Jugendhaftsachen in Dreierbesetzung verhandelt worden sind.

In den Nichthaftsachen ergibt sich über die Jahre folgendes Bild:

Häufigkeit der Besetzung – Nichthaftverfahren
Jugendkammer
60
100%
90%
80%
70%
60%
50%
40%
30%
20%
10%
0%
29%
28%
42%
40%
46%
71%
72%
58%
60%
54%
2009
2011
2012
2013
2014
2-er Besetzung
3-er Besetzung

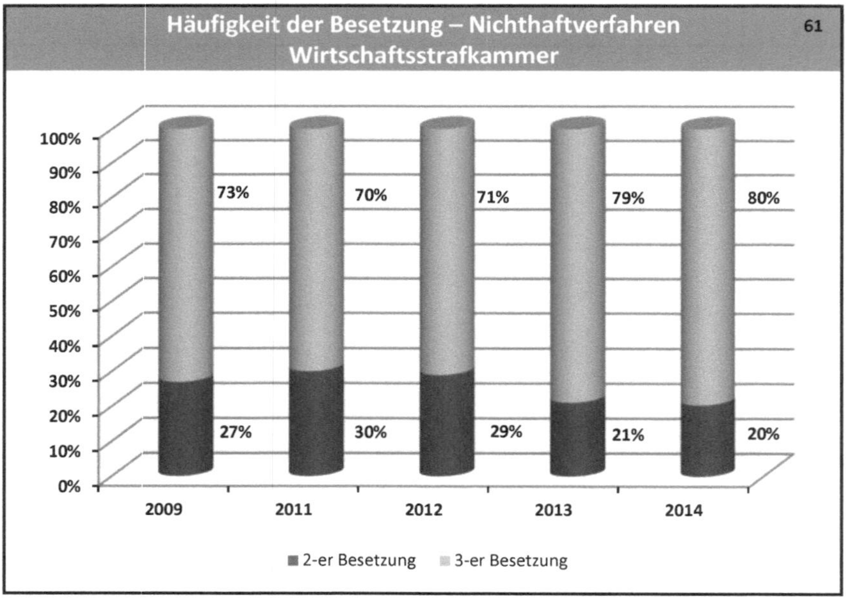
Häufigkeit der Besetzung – Nichthaftverfahren
Wirtschaftsstrafkammer
61
100%
90%
80%
70%
60%
50%
40%
30%
20%
10%
0%
73%
70%
71%
79%
80%
27%
30%
29%
21%
20%
2009
2011
2012
2013
2014
2-er Besetzung
3-er Besetzung

Fakt 12: Kammerbesetzung (Zweier - oder Dreierbesetzung)

12.1 Der Anteil an Haftverfahren, die vor den allgemeinen Strafkammern in Zweierbesetzung verhandelt werden, ist von 2009 bis 2014 kontinuierlich gesunken: von 77 % auf 49 %. Bei den Jugend- und Wirtschaftsstrafkammern gibt es kein eindeutiges Bild, bei den Jugendkammern aber eine steigende Tendenz.

12.2 Bei den Nichthaftverfahren ist der Anteil an Verfahren, die vor den allgemeinen Strafkammern in Zweierbesetzung verhandelt werden, von 84 % auf 64 % gesunken. Bei den Jugendkammern ist er über die Jahre bei leichten Schwankungen von etwas über 70% (2009/2011) über etwa 60 % (2012/2013) auf 54% (2014) gesunken. Auch in Wirtschaftssachen ist er gesunken von 27 - 30 % (2009 - 2012) auf etwa 20 % (2013/2014).

12.3 Von einzelnen Gerichten, die nahezu alle Verfahren in Dreierbesetzung verhandeln, reicht die Spanne bis zu einem anderen Gericht, in dem im Jahr 2013 90 % aller Verfahren in Zweierbesetzung verhandelt worden sind.

3.3.5 Aktenumfang

Eine mögliche Ursache für unterschiedlichen Personalbedarf und unterschiedliche Laufzeiten mag auch in einem unterschiedlichen Aktenumfang bei den einzelnen Gerichten liegen.

Die nachfolgende Folie gibt zunächst einen Überblick über die allgemeine Entwicklung:

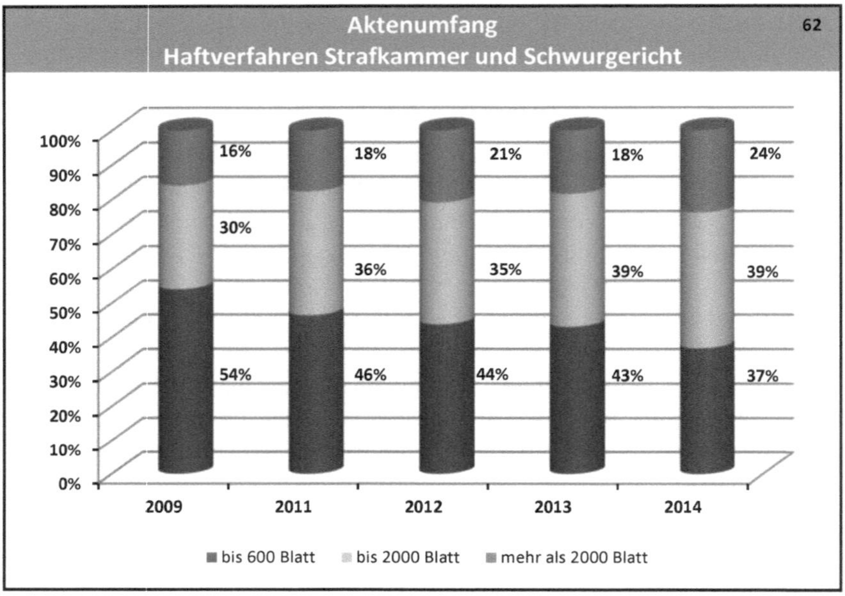

Die nachfolgenden Folien zeigen die Unterschiede bei den einzelnen Gerichten:

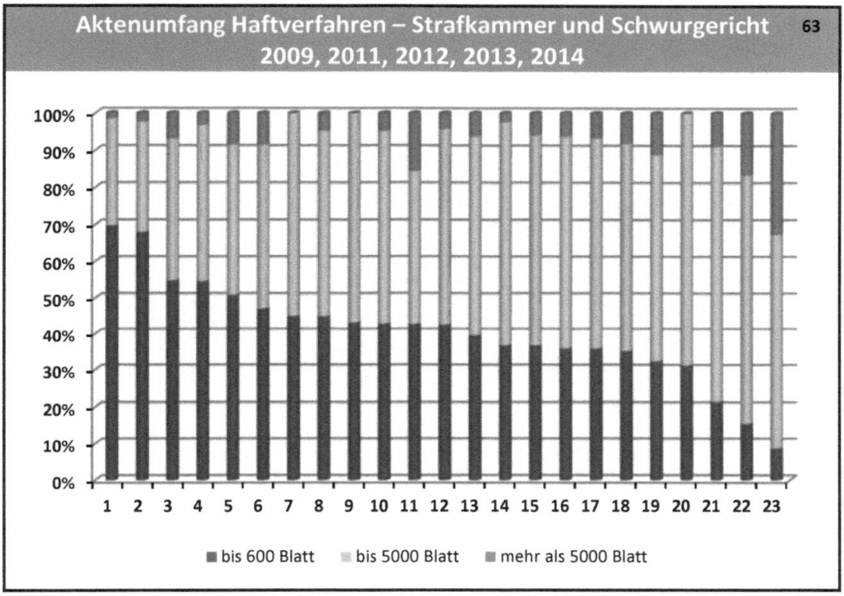

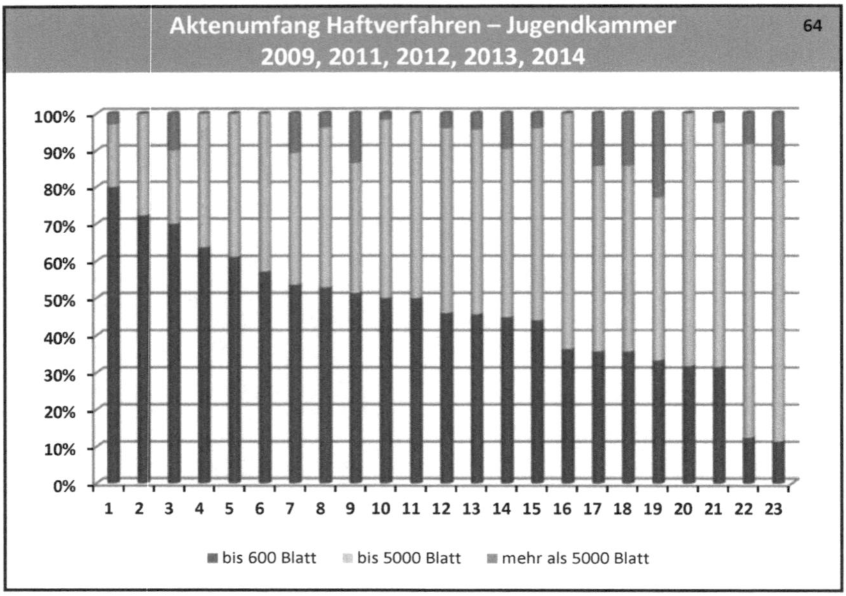

Fakt 13: Aktenumfang

13.1 In den Haftsachen vor den allgemeinen Strafkammern und dem Schwurgericht sinkt der Anteil an kleinen Verfahren bis 600 Blatt. Von 54 % im Jahr 2009 ist der Anteil dieser Verfahren auf 37 % im Jahr 2014 kontinuierlich gesunken. Gleichzeitig steigt der Anteil an Verfahren mit mehr als 2000 Blatt mit leichten Schwankungen an (von 16 % auf 24 %).

13.2 Unter den einzelnen Gerichten gibt es im Hinblick auf den Anteil der „dünnen“ und „dicken“ Verfahren große Unterschiede: bei einzelnen Gerichten liegt der Anteil „dünner“ Verfahren bei knapp 70 %, bei anderen Gerichten bei etwa 10%. Bei diesen gibt es zugleich einen hohen Anteil „dicker“ Verfahren. Bei vielen (14) Gerichten liegt der Anteil „dünner“ Verfahren jedoch bei 30 % bis knapp über 40 %.

13.3 Bei den Jugendkammern in den Haftsachen sind die Schwankungen noch größer (von 10 % bis knapp 80 % dünne Verfahren).

3.3.6 Befangenheitsanträge

Eine weitere Ursache für unterschiedlichen Personalbedarf und unterschiedliche Verfahrensdauern mag in einer unterschiedlichen Anzahl an konfliktträchtigen Strafverfahren liegen, die sicherlich u. a. in einer unterschiedlichen Anzahl an Befangenheitsanträgen widergespiegelt wird.

Die folgende Folie verschafft zunächst einen Überblick über die Anzahl an Verfahren mit Befangenheitsanträgen im Durchschnitt aller Gerichte in allen Erhebungsjahren in den Haftsachen:

Befangenheitsanträge – Haftverfahren
Strafkammer und Schwurgericht 65

	2009	2011	2012	2013	2014
0 Anträge	95,8 %	95,0 %	93,9 %	94,9 %	97,0 %
1-3 Anträge	3,3 %	4,2 %	4,1 %	3,4 %	1,8 %
4-10 Anträge	0,2 %	0,4 %	1,3 %	1 %	0,7 %
ab 10 Anträge	0,7 %	0,4 %	0,7 %	0,7 %	0,5 %

Befangenheitsanträge – Haftverfahren Jugendkammer 66					
	2009	2011	2012	2013	2014
0 Anträge	96,7 %	94,4 %	96,7 %	95,1 %	97,4 %
1-3 Anträge	1,6 %	4,4 %	2,3 %	4,9 %	0 %
4-10 Anträge	0,6 %	0,4 %	0,5 %	0 %	0 %
ab 10 Anträge	1,1 %	0,8 %	0,5 %	0 %	2,6 %

Befangenheitsanträge – Haftverfahren Wirtschaftsstrafkammer 67					
	2009	2011	2012	2013	2014
0 Anträge	93,3 %	77,1 %	81,8 %	85,7 %	93,7 %
1-3 Anträge	6,7 %	20 %	4,5 %	2,9 %	6,3 %
4-10 Anträge	0 %	0 %	9,2 %	5,7 %	0 %
ab 10 Anträge	0 %	2,9 %	4,5 %	5,7 %	0 %

Es zeigt sich, dass der durchschnittliche prozentuale Anteil von Verfahren mit Befangenheitsanträgen nicht groß ist. Dies ändert sich aber, wenn man die einzelnen Gerichte betrachtet:

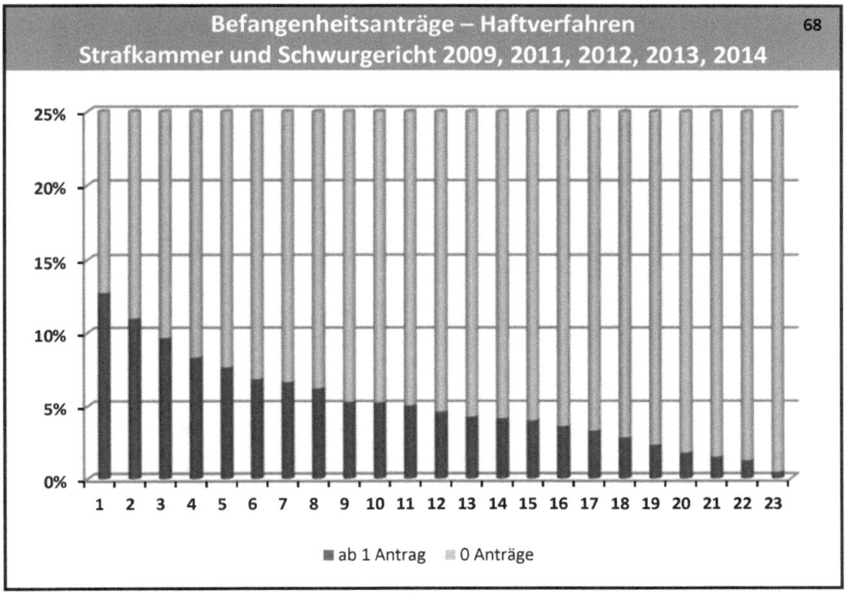

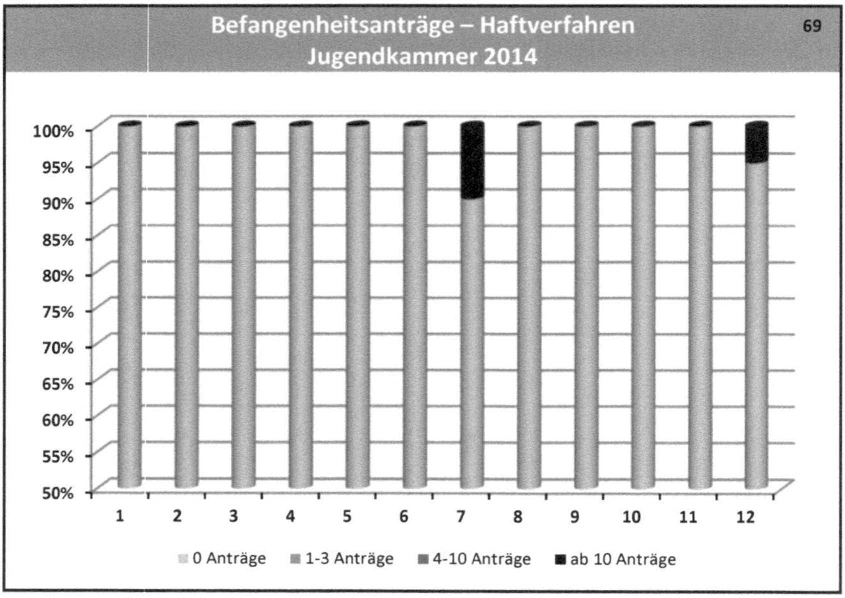

Bei einzelnen Gerichten liegt der Anteil an Verfahren mit Befangenheitsanträgen bei über 10%. Das Gericht mit dem höchsten Anteil an Verfahren mit Befangenheitsanträgen, also Ziffer 1) auf der Folie 68, ist identisch mit dem Gericht mit dem höchsten Schwierigkeitsgrad der Verfahren über alle Jahre, also identisch mit dem Gericht zu Ziffer 1) auf der Folie „Schwierigkeitsgrad alle Jahre", hier Folie 54.

Bei der Untersuchung von Dölling/Feltes hatte sich ergeben, dass in den Ballungsgebieten in 98,1 % der Verfahren, in Karlsruhe in 99,3 % aller Verfahren kein Befangenheitsantrag gestellt wurde, zusammengerechnet also in 98,3 % der Verfahren.[12] Die jetzige Untersuchung zeigt, dass dies bei einzelnen Gerichten anders ist, jedenfalls in den Haftsachen, wo ein Anteil von mehr als 10 % der Verfahren erreicht wird. Dabei wiesen gerade bei diesen Gerichten die Haftsachen einen hohen Anteil der insgesamt erledigten Verfahren auf, etwa bei dem Gericht mit der Ziffer 1 auf Folie 68 ca. 80 % aller erledigten Verfahren im Jahr 2013, das Gericht mit der Ziffer 2 auf Folie 68 hatte in diesem Jahr einen Anteil von Haftsachen von über 70%.

12 Dölling/Feltes, a.a.O., S. 155.

Fakt 14: Befangenheitsanträge in Haftsachen

14.1 Der durchschnittliche prozentuale Anteil von Verfahren mit Befangenheitsanträgen ist in den allgemeinen Strafkammern/Schwurgerichten und bei den Jugendkammern nicht groß: er lag im Erhebungszeitraum bei höchstens 5 % der Verfahren pro Jahr.

14.2 Bei einzelnen Gerichten liegt der Anteil an Verfahren mit Befangenheitsanträgen jedoch über alle Jahre bei über 10%.

14.3 Bei den Wirtschaftsstrafkammern ist auch der durchschnittliche prozentuale Gesamtanteil höher: Er lag zwischen 6,3 % und 22,9 %.

3.3.7 Verteidiger pro Verfahren

Eine mögliche Ursache für unterschiedlichen Personalbedarf und unterschiedliche Laufzeiten mag auch in der unterschiedlichen Anzahl an Verteidigern pro Verfahren liegen. Die nachfolgende Folie zeigt, dass es auch hier deutliche Unterschiede gibt, wobei wieder - kaum überraschend - das Gericht mit der Ziffer 1) aus der Folie „Schwierigkeitsgrad alle Jahre" (Folie 54) in den Jahren 2009 - 2014 bei den Haftverfahren vor Strafkammer und Schwurgericht den höchsten Wert aufweist.

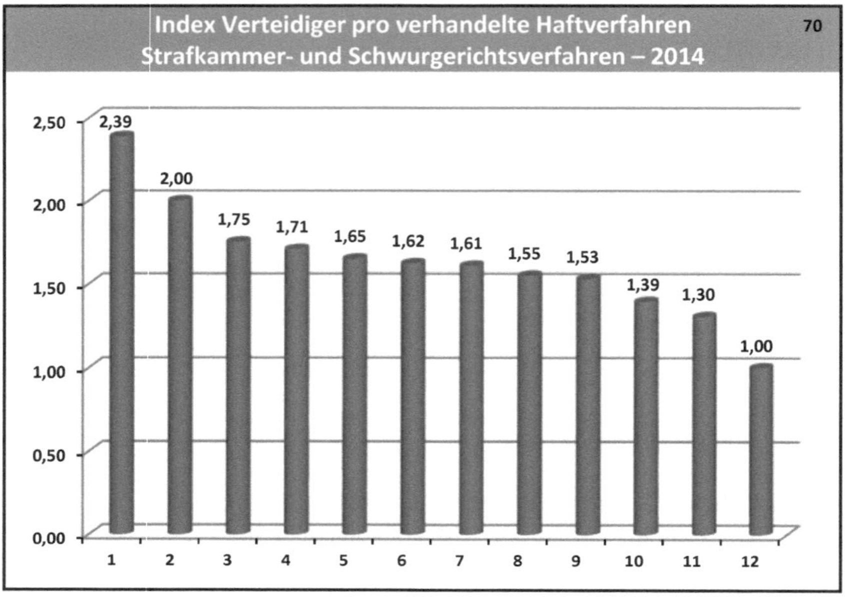
Index Verteidiger pro verhandelte Haftverfahren
Strafkammer- und Schwurgerichtsverfahren – 2014
70
2,50
2,00
1,50
1,00
0,50
0,00
2,39
2,00
1,75
1,71
1,65
1,62
1,61
1,55
1,53
1,39
1,30
1,00
1 2 3 4 5 6 7 8 9 10 11 12

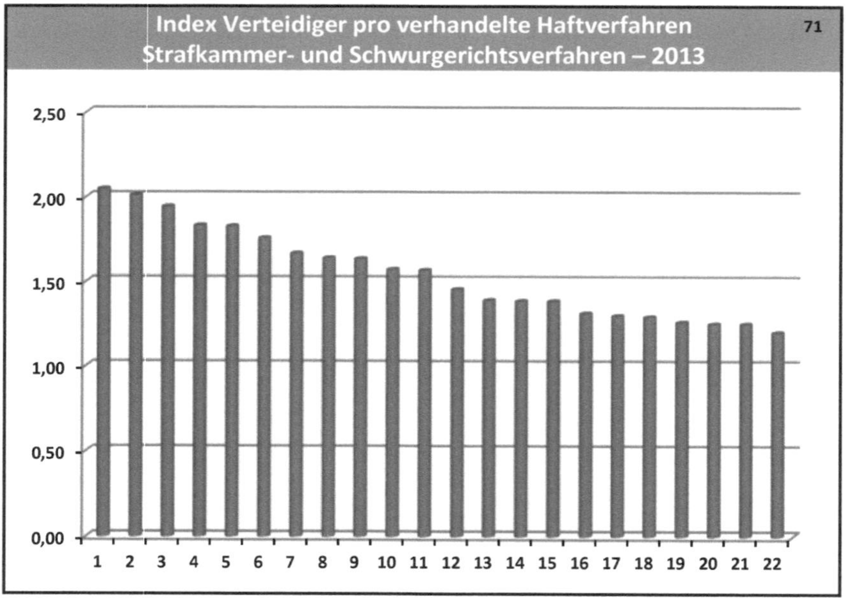
Index Verteidiger pro verhandelte Haftverfahren
Strafkammer- und Schwurgerichtsverfahren – 2013
71
2,50
2,00
1,50
1,00
0,50
0,00
1 2 3 4 5 6 7 8 9 10 11 12 13 14 15 16 17 18 19 20 21 22

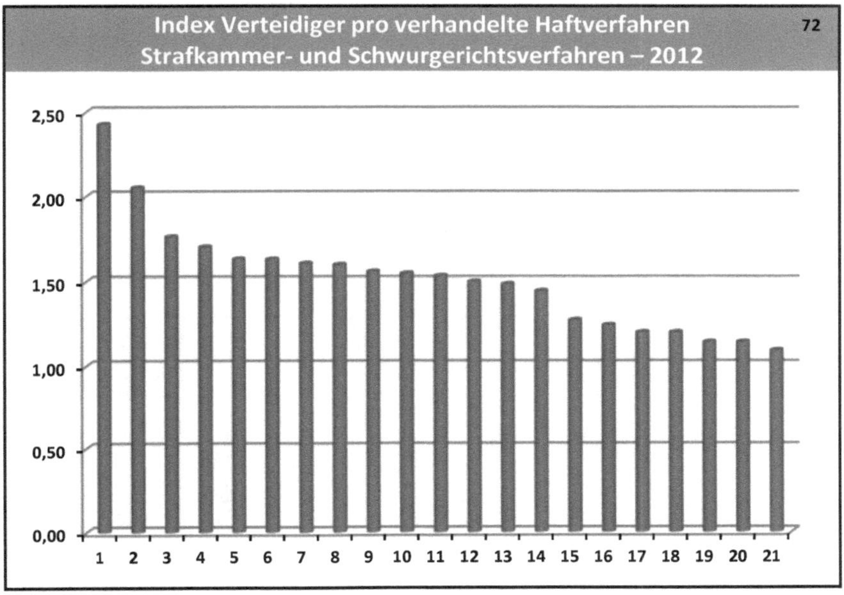
Index Verteidiger pro verhandelte Haftverfahren
Strafkammer- und Schwurgerichtsverfahren – 2012
72
2,50
2,00
1,50
1,00
0,50
0,00
1 2 3 4 5 6 7 8 9 10 11 12 13 14 15 16 17 18 19 20 21

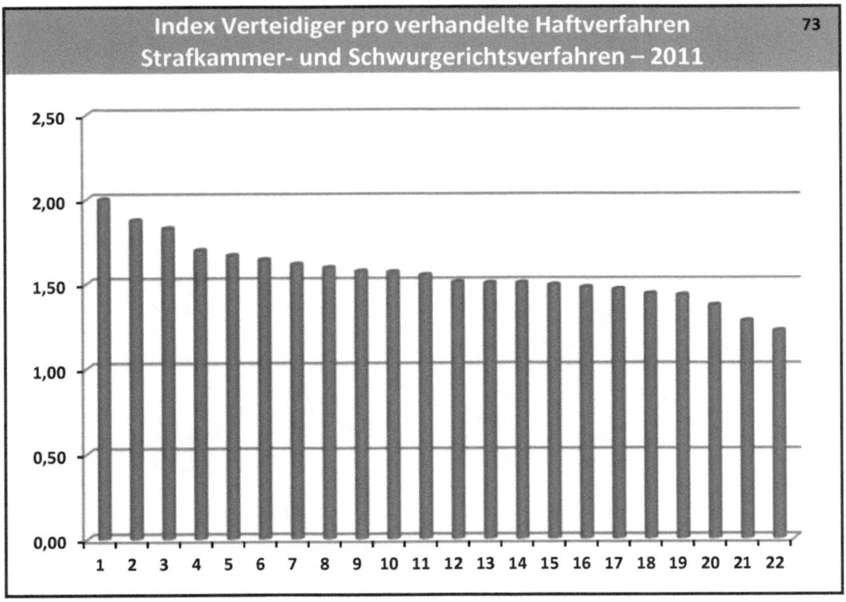
Index Verteidiger pro verhandelte Haftverfahren
Strafkammer- und Schwurgerichtsverfahren – 2011
73
2,50
2,00
1,50
1,00
0,50
0,00
1 2 3 4 5 6 7 8 9 10 11 12 13 14 15 16 17 18 19 20 21 22

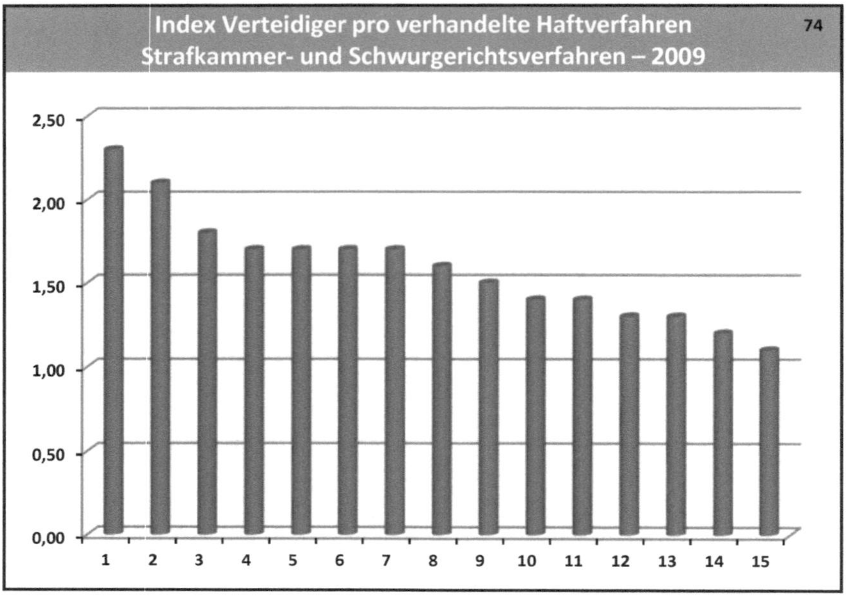
Index Verteidiger pro verhandelte Haftverfahren
Strafkammer- und Schwurgerichtsverfahren – 2009
74
2,50
2,00
1,50
1,00
0,50
0,00
1 2 3 4 5 6 7 8 9 10 11 12 13 14 15

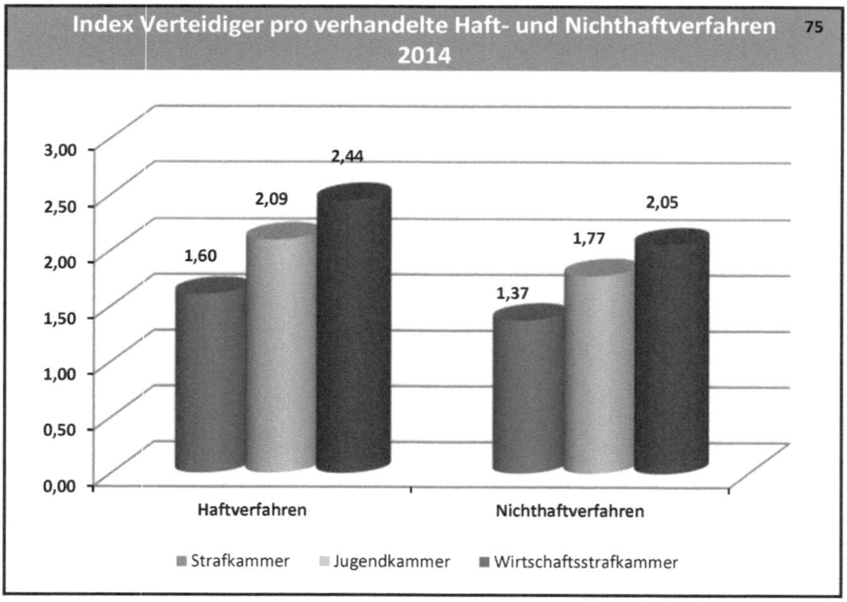
Index Verteidiger pro verhandelte Haft- und Nichthaftverfahren
2014
75
3,00
2,50
2,00
1,50
1,00
0,50
0,00
1,60
2,09
2,44
1,37
1,77
2,05
Haftverfahren
Nichthaftverfahren
Strafkammer
Jugendkammer
Wirtschaftsstrafkammer

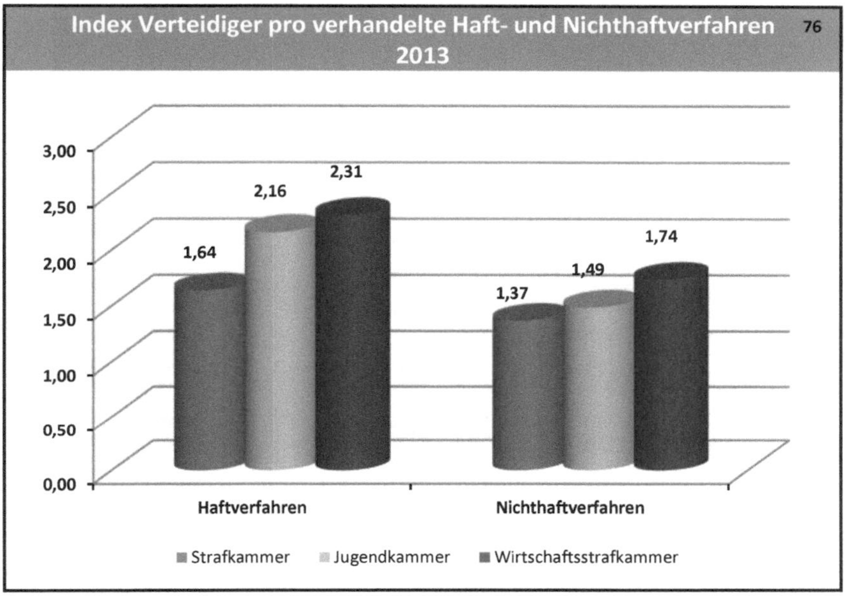

Letztlich ist die Anzahl der Verteidiger aber natürlich wesentlich abhängig von der Anzahl der Angeklagten pro Verfahren, und damit von den Gerichten kaum beeinflussbar. Dieser Index soll daher hier nicht weiter untersucht werden.

3.3.8 Zeugen pro Verfahren

Eine weitere Ursache für unterschiedliche Laufzeiten und unterschiedlichen Personalbedarf mag in der Anzahl der Zeugen pro Verfahren liegen.

Die Anzahl der Verfahren mit mehr als 11 Zeugen pro verhandeltem Haftverfahren vor den Strafkammern und Schwurgerichten ist von 2009 bis 2014 kontinuierlich gestiegen.

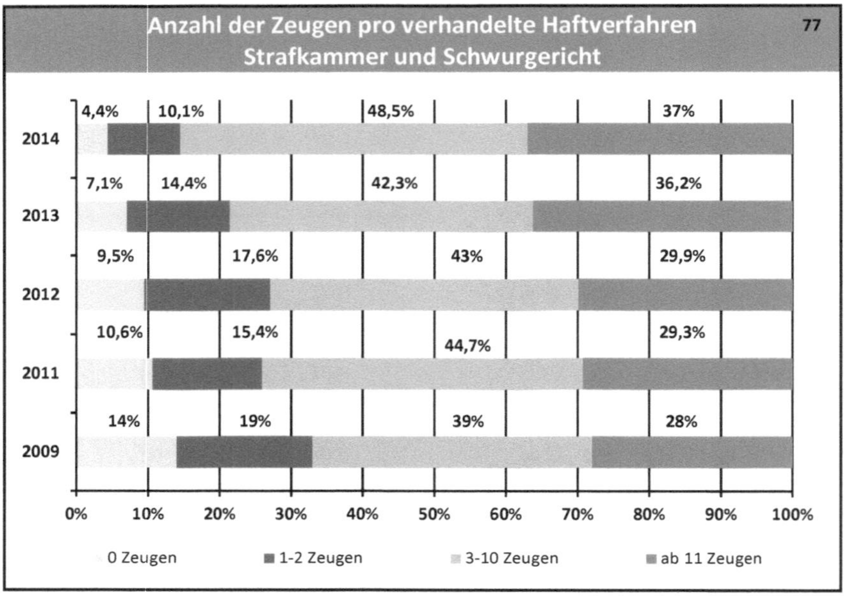
Anzahl der Zeugen pro verhandelte Haftverfahren
Strafkammer und Schwurgericht
77
2014
4,4%
10,1%
48,5%
37%
2013
7,1%
14,4%
42,3%
36,2%
2012
9,5%
17,6%
43%
29,9%
2011
10,6%
15,4%
44,7%
29,3%
2009
14%
19%
39%
28%
0%
10%
20%
30%
40%
50%
60%
70%
80%
90%
100%
0 Zeugen
1-2 Zeugen
3-10 Zeugen
ab 11 Zeugen

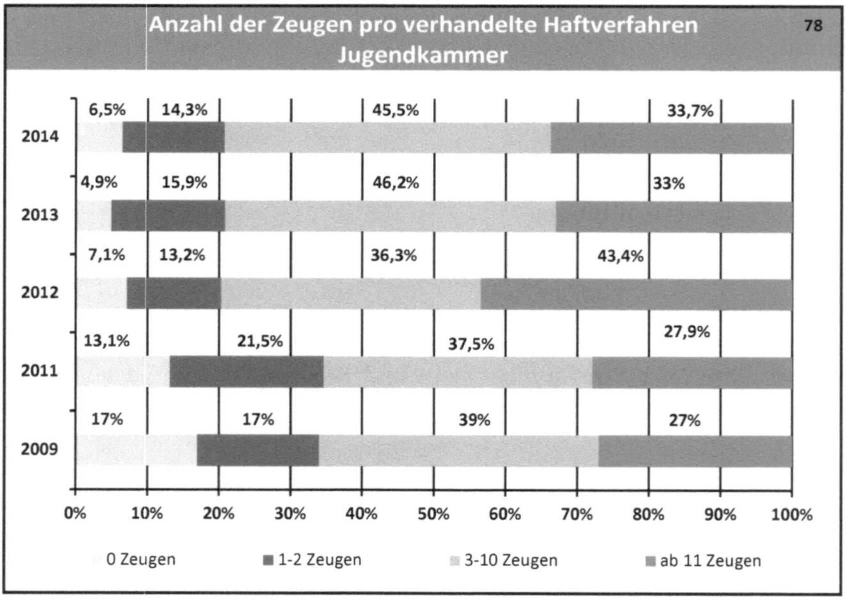
Anzahl der Zeugen pro verhandelte Haftverfahren
Jugendkammer
78
2014
6,5%
14,3%
45,5%
33,7%
2013
4,9%
15,9%
46,2%
33%
2012
7,1%
13,2%
36,3%
43,4%
2011
13,1%
21,5%
37,5%
27,9%
2009
17%
17%
39%
27%
0%
10%
20%
30%
40%
50%
60%
70%
80%
90%
100%
0 Zeugen
1-2 Zeugen
3-10 Zeugen
ab 11 Zeugen

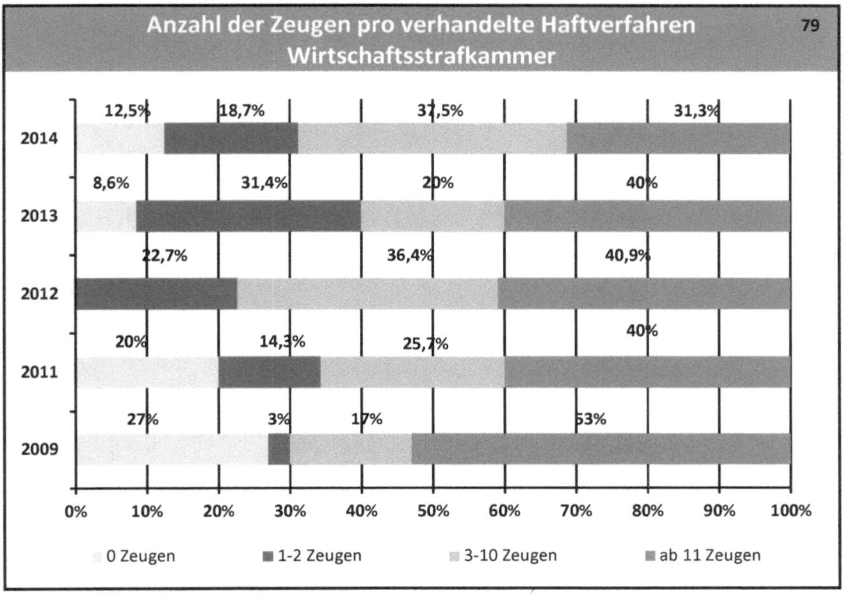
Anzahl der Zeugen pro verhandelte Haftverfahren
Wirtschaftsstrafkammer
79
2014
2013
2012
2011
2009
12,5%
18,7%
37,5%
31,3%
8,6%
31,4%
20%
40%
22,7%
36,4%
40,9%
20%
14,3%
25,7%
40%
27%
3%
17%
53%
0%
10%
20%
30%
40%
50%
60%
70%
80%
90%
100%
0 Zeugen
1-2 Zeugen
3-10 Zeugen
ab 11 Zeugen

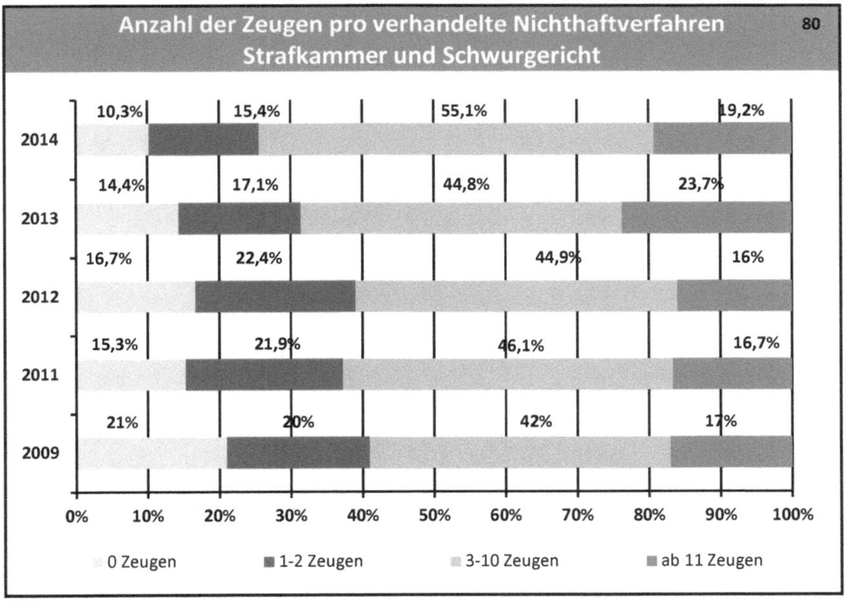
Anzahl der Zeugen pro verhandelte Nichthaftverfahren
Strafkammer und Schwurgericht
80
2014
2013
2012
2011
2009
10,3%
15,4%
55,1%
19,2%
14,4%
17,1%
44,8%
23,7%
16,7%
22,4%
44,9%
16%
15,3%
21,9%
46,1%
16,7%
21%
20%
42%
17%
0%
10%
20%
30%
40%
50%
60%
70%
80%
90%
100%
0 Zeugen
1-2 Zeugen
3-10 Zeugen
ab 11 Zeugen

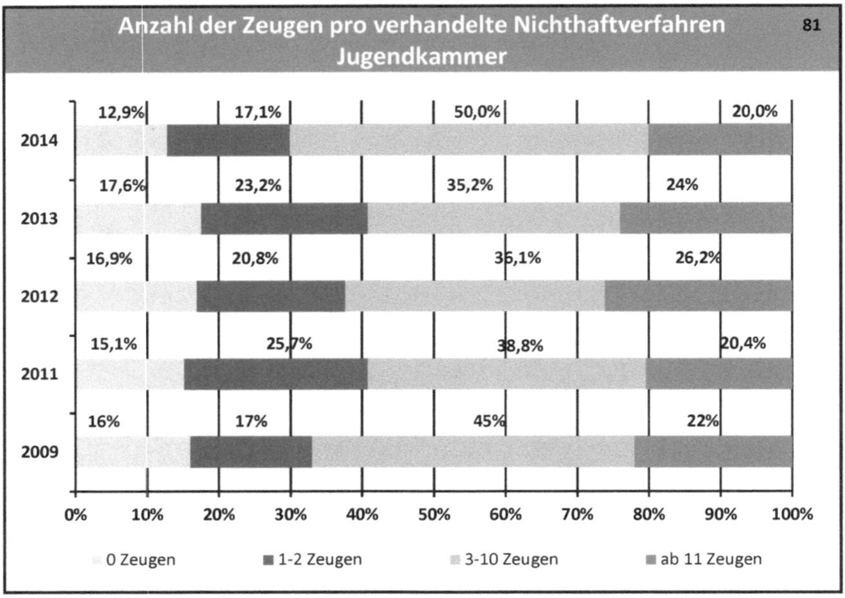
Anzahl der Zeugen pro verhandelte Nichthaftverfahren
Jugendkammer
81
2014
12,9%
17,1%
50,0%
20,0%
2013
17,6%
23,2%
35,2%
24%
2012
16,9%
20,8%
36,1%
26,2%
2011
15,1%
25,7%
38,8%
20,4%
2009
16%
17%
45%
22%
0%
10%
20%
30%
40%
50%
60%
70%
80%
90%
100%
0 Zeugen
1-2 Zeugen
3-10 Zeugen
ab 11 Zeugen

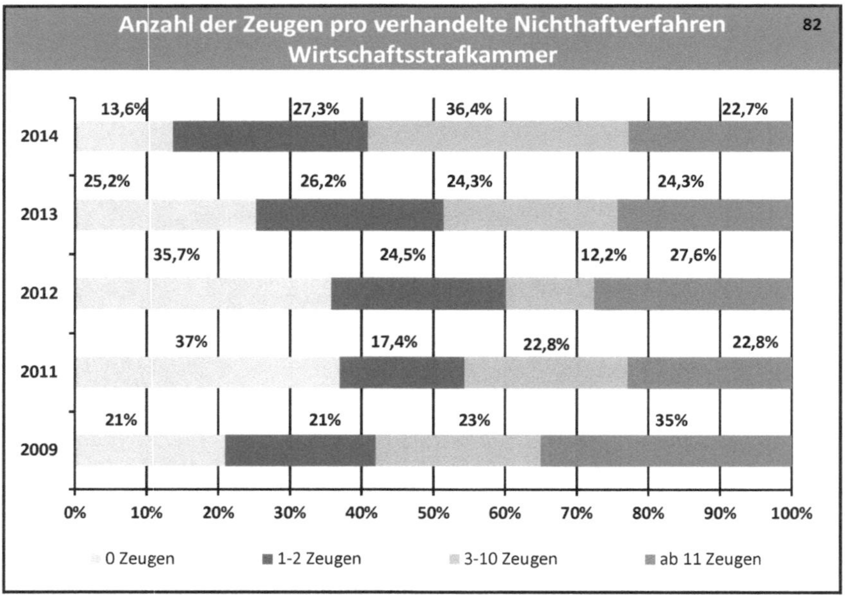
Anzahl der Zeugen pro verhandelte Nichthaftverfahren
Wirtschaftsstrafkammer
82
2014
13,6%
27,3%
36,4%
22,7%
2013
25,2%
26,2%
24,3%
24,3%
2012
35,7%
24,5%
12,2%
27,6%
2011
37%
17,4%
22,8%
22,8%
2009
21%
21%
23%
35%
0%
10%
20%
30%
40%
50%
60%
70%
80%
90%
100%
0 Zeugen
1-2 Zeugen
3-10 Zeugen
ab 11 Zeugen

Interessant ist auch hier ein Vergleich mit der Untersuchung von Dölling/Feltes: Dort ist für die Ballungsgebiete für die Verfahren mit mehr als 10 Zeugen ein Anteil von 21,2 % der Verfahren ermittelt worden, für Karlsruhe ein Anteil von 29,7 %.[13] Insgesamt waren es dort 200 von 885 Verfahren mit mehr als 10 Zeugen, also 22,6 %.

Dieser Wert ist vergleichbar mit dem in unserer Untersuchung ermittelten Wert für die Nichthaftsachen, liegt aber deutlich unter dem Wert für die Haftsachen.

Untersucht haben wir auch die Anzahl vernommener Zeugen pro Hauptverhandlungstag. Hier zeigen sich zwischen den einzelnen Gerichten große Unterschiede. Manche Gerichte vernehmen im Schnitt mehr als doppelt so viele Zeugen pro Tag wie andere Gerichte.

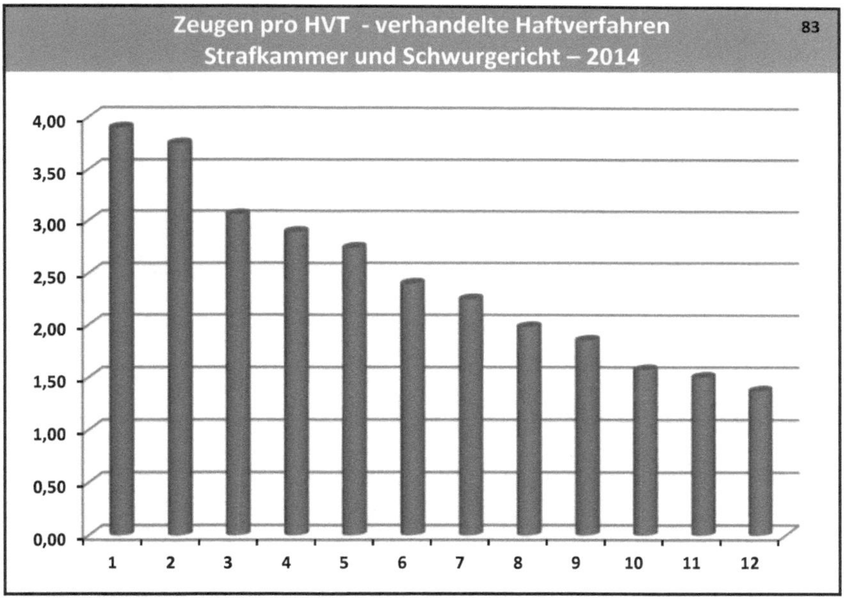

13 Dölling/Feltes, a.a.O., S. 117.

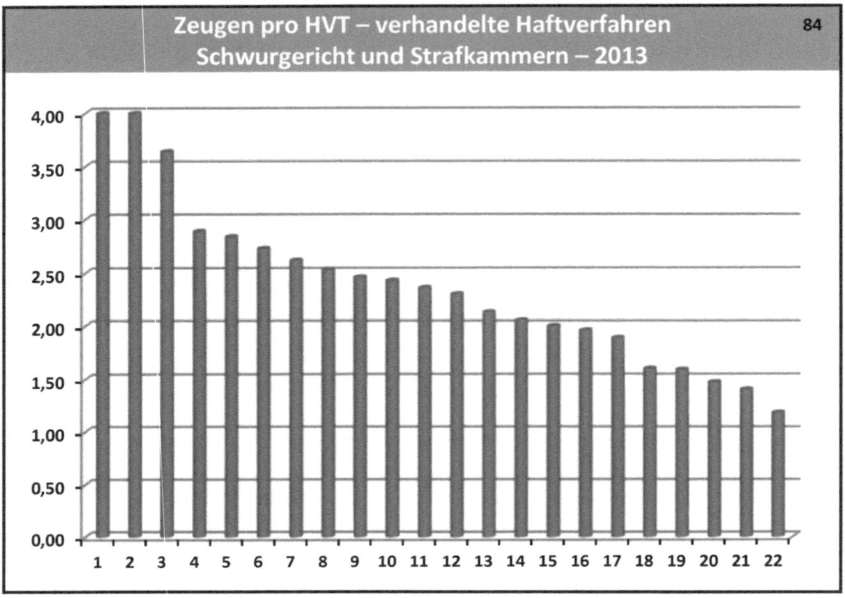
Zeugen pro HVT – verhandelte Haftverfahren
Schwurgericht und Strafkammern – 2013
84
4,00
3,50
3,00
2,50
2,00
1,50
1,00
0,50
0,00
1 2 3 4 5 6 7 8 9 10 11 12 13 14 15 16 17 18 19 20 21 22

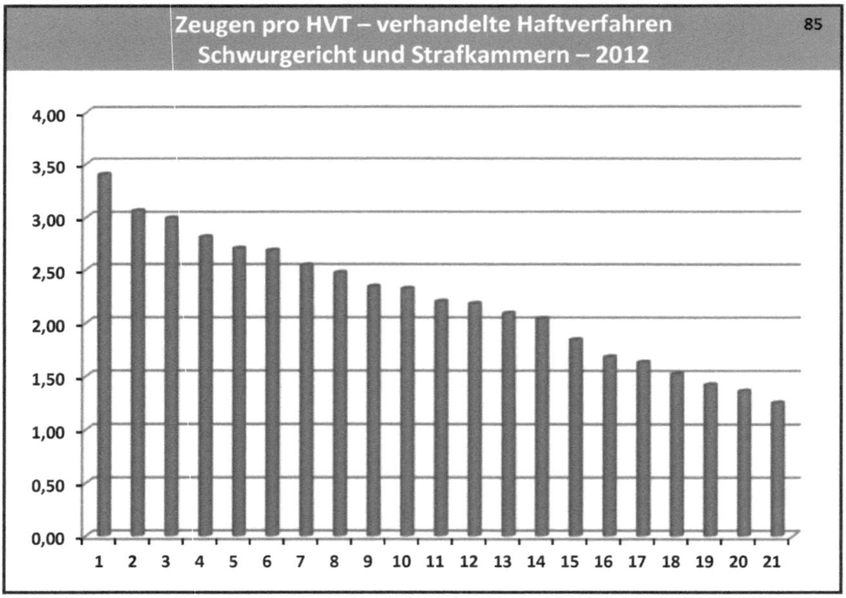
Zeugen pro HVT – verhandelte Haftverfahren
Schwurgericht und Strafkammern – 2012
85
4,00
3,50
3,00
2,50
2,00
1,50
1,00
0,50
0,00
1 2 3 4 5 6 7 8 9 10 11 12 13 14 15 16 17 18 19 20 21

Hier liegt das Gericht mit der Ziffer 1) aus der Folie „Schwierigkeitsgrad alle Jahre“ (Folie 54) ganz bzw. relativ weit hinten (Ziffer 18 im Jahr 2012, Ziffer 22 im Jahr 2013, Ziffer 9 im Jahr 2014), was auch den Ergebnissen für die Jahre 2009 und 2011 entspricht und daran liegen kann, dass in den langen und schwierigen Verfahren auch Beweisanträge auf Zeugenvernehmungen erst nach und nach gestellt werden. Eine weitere Erklärung für die geringe Anzahl an Zeugen pro Hauptverhandlungstag bei dem Gericht mit der Ziffer 1) aus der Folie „Schwierigkeitsgrad alle Jahre“ kann auch darin liegen, dass dort eine hohe Anzahl an Verteidigern pro Verfahren festzustellen war. Es spricht jedenfalls eine gewisse Wahrscheinlichkeit dafür, dass viele Verteidiger an einzelne Zeugen mehr Fragen stellen als wenige Verteidiger, so dass pro Hauptverhandlungstag nur wenige Zeugen vernommen werden können.

Fakt 15: Zeugen pro Verfahren

15.1 Der Anteil der Verfahren mit mehr als 11 Zeugen pro verhandeltem Haftverfahren vor den Strafkammern und Schwurgerichten ist gestiegen (von 28 % auf 37 %). Bei den Wirtschaftsstrafkammern ist dieser Anteil gesunken, bei den Jugendkammern gibt es kein eindeutiges Bild.

15.2 Bei den Nichthaftsachen gibt es keine deutlichen Tendenzen.

15.3 Manche Gerichte vernehmen im Schnitt doppelt so viele Zeugen pro Tag wie andere Gerichte.

3.3.9 Dolmetschertage pro Verfahren

Als weitere mögliche Ursache für unterschiedliche Verfahrenslängen und unterschiedlichen Personalbedarf soll hier auf die Anzahl an Dolmetschertagen pro verhandeltem Verfahren eingegangen werden:

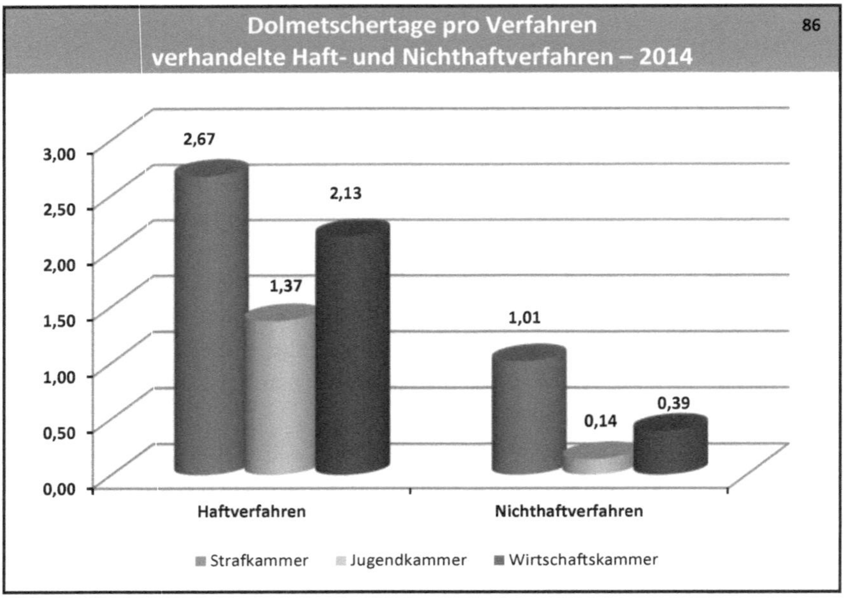
Dolmetschertage pro Verfahren
verhandelte Haft- und Nichthaftverfahren – 2014
86
3,00
2,50
2,00
1,50
1,00
0,50
0,00
2,67
1,37
2,13
1,01
0,14
0,39
Haftverfahren
Nichthaftverfahren
Strafkammer
Jugendkammer
Wirtschaftskammer

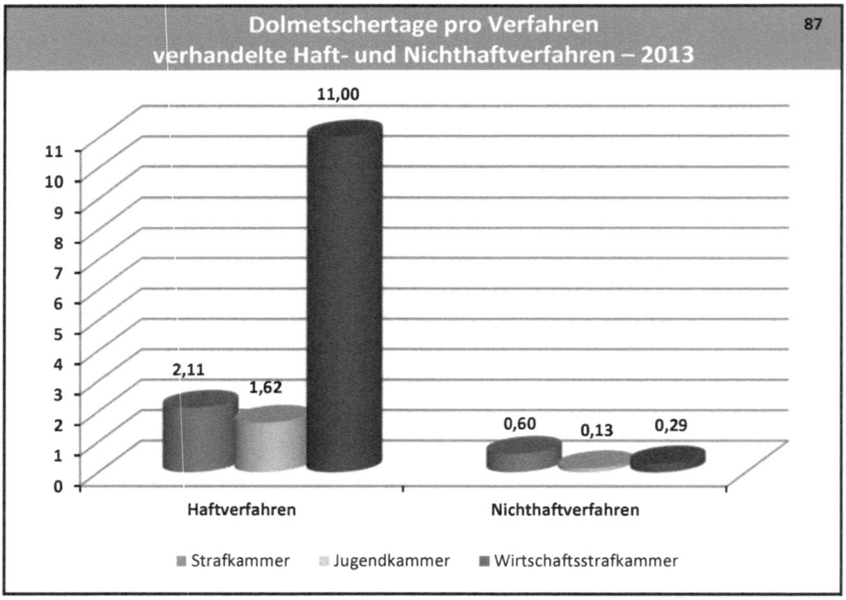
Dolmetschertage pro Verfahren
verhandelte Haft- und Nichthaftverfahren – 2013
87
11
10
9
8
7
6
5
4
3
2
1
0
2,11
1,62
11,00
0,60
0,13
0,29
Haftverfahren
Nichthaftverfahren
Strafkammer
Jugendkammer
Wirtschaftsstrafkammer

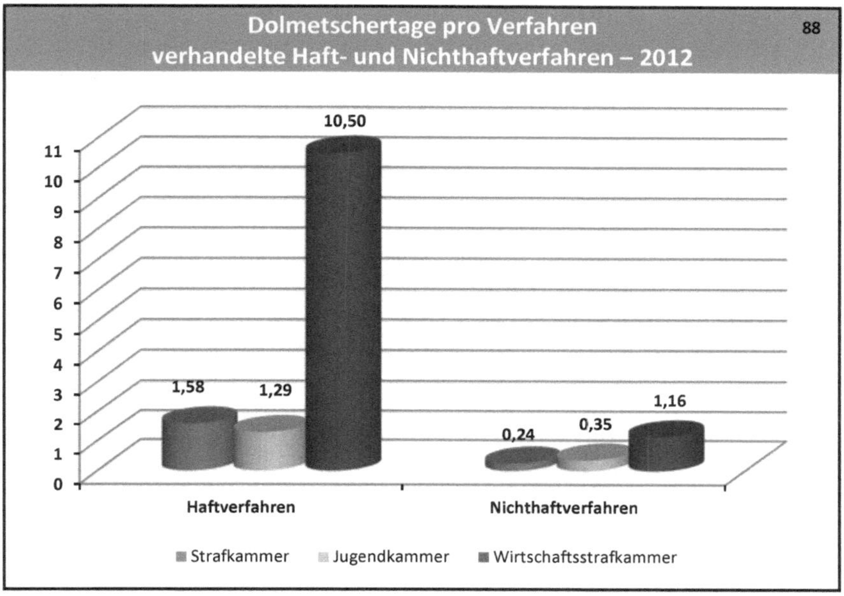
Dolmetschertage pro Verfahren
verhandelte Haft- und Nichthaftverfahren – 2012
88
11
10
9
8
7
6
5
4
3
2
1
0
10,50
1,58
1,29
0,24
0,35
1,16
Haftverfahren
Nichthaftverfahren
Strafkammer
Jugendkammer
Wirtschaftsstrafkammer

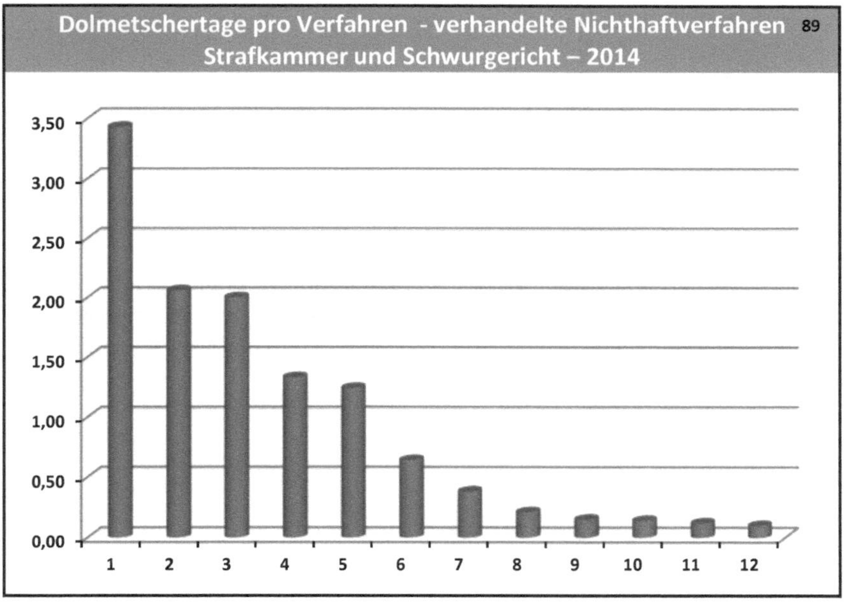
Dolmetschertage pro Verfahren - verhandelte Nichthaftverfahren
Strafkammer und Schwurgericht – 2014
89
3,50
3,00
2,50
2,00
1,50
1,00
0,50
0,00
1
2
3
4
5
6
7
8
9
10
11
12

Nicht verwunderlich ist zunächst, dass die Anzahl an Dolmetschern in den Haftsachen deutlich höher ist als in den Nichthaftsachen, angesichts des Umstandes, dass der bei weitem häufigste Haftgrund in der Praxis „Fluchtgefahr“ - häufig wegen Kontakten ins Ausland - ist.

Es zeigt sich, dass vor den allgemeinen Strafkammern und dem Schwurgericht die Anzahl an Dolmetschern über die Jahre gestiegen ist. Auch besteht ein großer Unterschied zwischen den einzelnen Gerichten. Hier ließen sich aber keine Zusammenhänge zu den Schwierigkeitsgraden ziehen. Erstaunlich ist, dass gleich in zwei Jahren (2012 und 2013) in den Wirtschaftsstrafhaftsachen äußerst viele Dolmetscher zum Einsatz gekommen sind. Dies spricht für häufigen Auslandsbezug in diesen Sachen.

Fakt 16: Anzahl Dolmetschertage pro Verfahren

16. Die Anzahl an Dolmetschern pro verhandeltem Haftverfahren vor den allgemeinen Strafkammern und dem Schwurgericht ist von 2012 bis 2014 gestiegen.

3.3.10 Nebenklage

Untersucht wurde auch, ob sich an der Anzahl der Verfahren mit bzw. ohne Nebenkläger über die Jahre etwas verändert hat. Es zeigt sich, dass bei einer zusammenfassenden Betrachtung von allgemeinen Strafkammern und Schwurgericht der Anteil der verhandelten Verfahren mit Nebenkläger von 2009 bis 2013 angestiegen ist von 23 % auf 30 %, allerdings im Jahr 2014 wieder gesunken ist.

Bei Dölling/Feltes war noch in 88,2% (Ballungsgebiete) bzw. 80,4 % (LG Karlsruhe) aller Verfahren ohne Nebenkläger verhandelt worden,[14] zusammengerechnet also in 86,9%, so dass der Anteil an Verfahren mit Nebenkläger damals 13,1 % betrug.

14 Dölling/Feltes., a.a.O., S. 127.

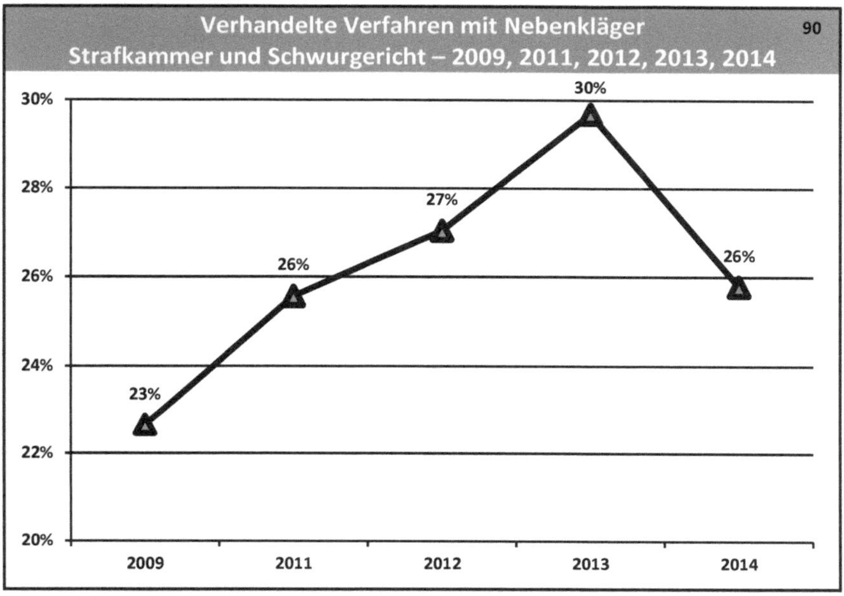

Insbesondere im Vergleich zu 1994/1995 ist der Anteil an Verfahren mit Nebenkläger also deutlich gestiegen. Dabei haben wir hier nicht nach Haft- bzw. Nichthaftsachsen differenziert, so dass die Zahlen annähernd vergleichbar sind (abgesehen davon, dass bei Dölling/Feltes nicht nach der Art der Kammer differenziert wurde).

Weniger eindeutig innerhalb unseres Untersuchungszeitraums ist die Entwicklung, wenn man nur die Schwurgerichtsverfahren betrachtet:

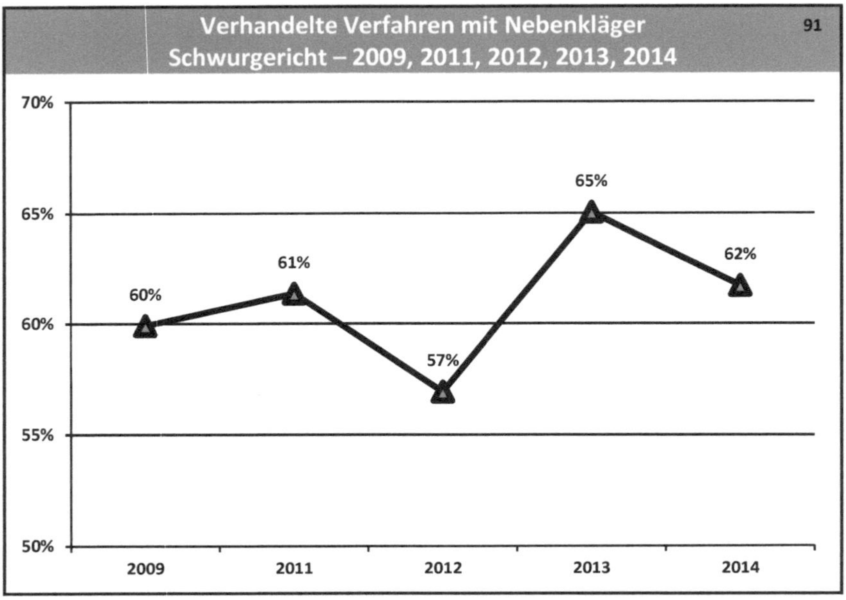

Auch bei einer Betrachtung der Anzahl der Nebenklagen pro verhandeltem Verfahren, getrennt nach allgemeinen Strafkammern und Schwurgericht, ergeben sich keine eindeutigen Entwicklungen:

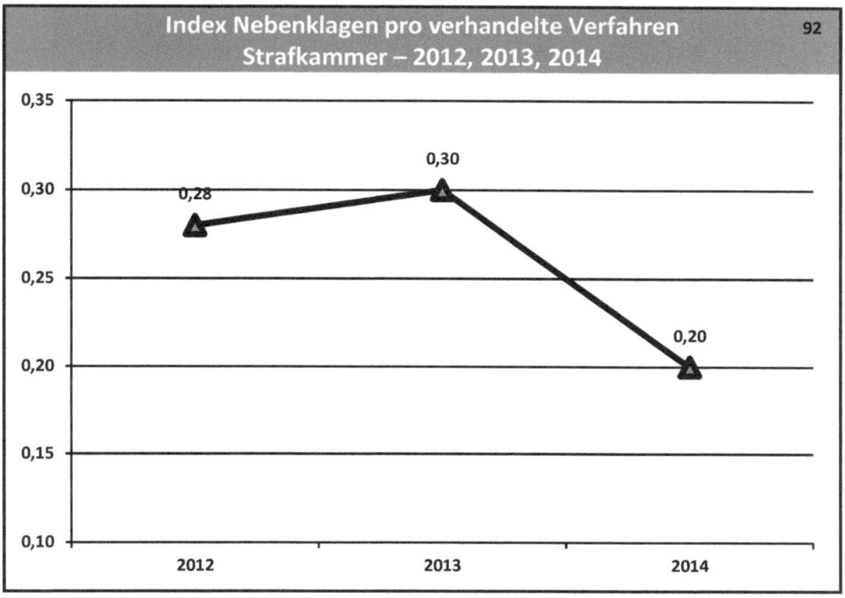
Index Nebenklagen pro verhandelte Verfahren
Strafkammer – 2012, 2013, 2014
92
0,35
0,30
0,25
0,20
0,15
0,10
0,28
0,30
0,20
2012
2013
2014

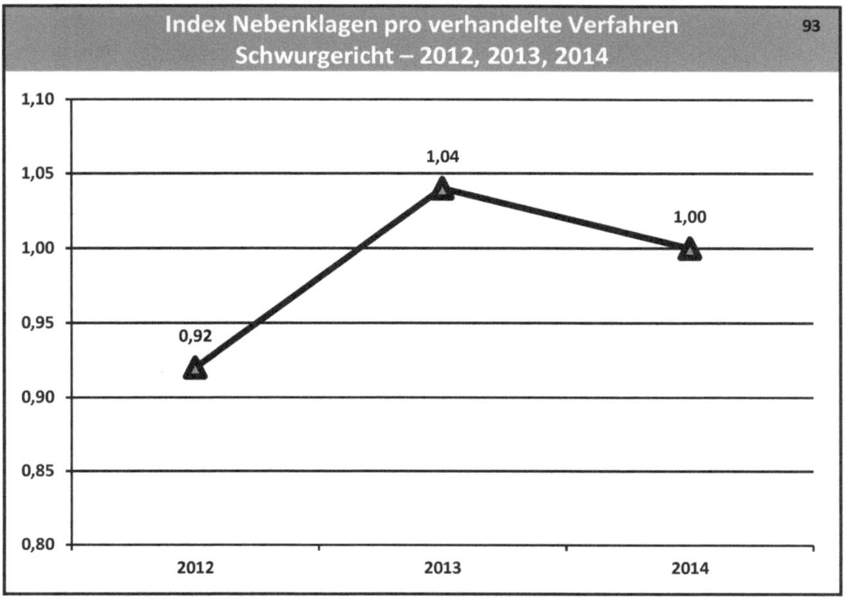
Index Nebenklagen pro verhandelte Verfahren
Schwurgericht – 2012, 2013, 2014
93
1,10
1,05
1,00
0,95
0,90
0,85
0,80
0,92
1,04
1,00
2012
2013
2014

Belegen lässt sich allerdings, dass die Anzahl der Nebenklagen in den Schwurgerichtsverfahren etwa dreimal so hoch ist wie in den Verfahren vor den allgemeinen Strafkammern.

Fakt 17: Nebenklage

17.1 Hinsichtlich des Anteils der Verfahren mit und ohne Nebenklage und ihrer Anzahl gibt es im Erhebungszeitraum keine eindeutigen Tendenzen.

17.2 Vor dem Schwurgericht ist die durchschnittliche Anzahl an Nebenklagen pro Verfahren etwa dreimal so hoch wie in den Verfahren vor den allgemeinen Strafkammern. Vor dem Schwurgericht gibt es im Schnitt in jedem Verfahren eine Nebenklage. Der Anteil der Verfahren mit Nebenklage liegt hier bei etwa 60%, bei den allgemeinen Strafkammern im Durchschnitt bei etwas weniger als 30%.

3.3.11 Anzahl sonstiger Anträge pro Verfahren

Hinsichtlich der sonstigen Anträge, zu denen insbesondere Beweisanträge zählen, haben sich über die Erhebungsjahre bei den allgemeinen Strafkammern und dem Schwurgericht in den Haftsachen kaum Veränderungen ergeben: Der Anteil der Verfahren, in denen überhaupt kein Antrag gestellt wird, bewegt sich zwischen 51 % und 55,5 %. Der Anteil an Verfahren, in denen über 20 Anträge gestellt werden, bewegt sich zwischen 2,3 % und 3 %.

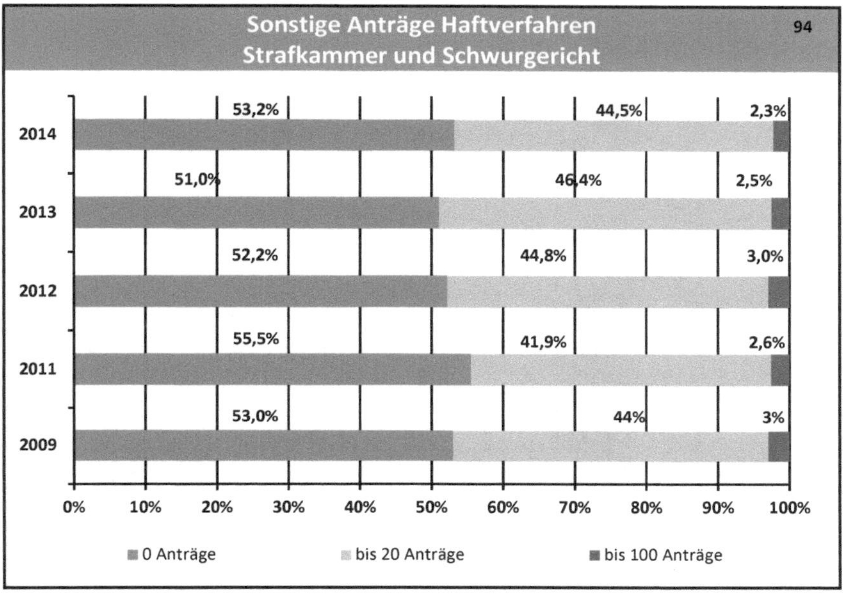
Sonstige Anträge Haftverfahren
Strafkammer und Schwurgericht
94
2014
53,2%
44,5%
2,3%
2013
51,0%
46,4%
2,5%
2012
52,2%
44,8%
3,0%
2011
55,5%
41,9%
2,6%
2009
53,0%
44%
3%
0%
10%
20%
30%
40%
50%
60%
70%
80%
90%
100%
0 Anträge
bis 20 Anträge
bis 100 Anträge

Vor den Jugendkammern ist die Schwankungsbreite etwas größer, liegt aber in einer ähnlichen Größenordnung:

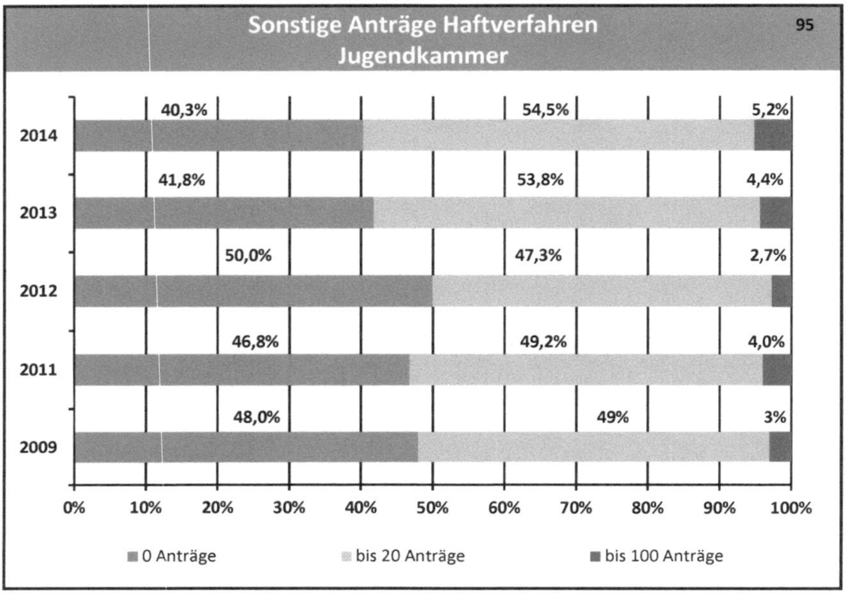

Ein anderes Bild ergibt sich, wie schon bei den Befangenheitsanträgen, wenn man die Verteilung bei den verschiedenen Gerichten betrachtet:

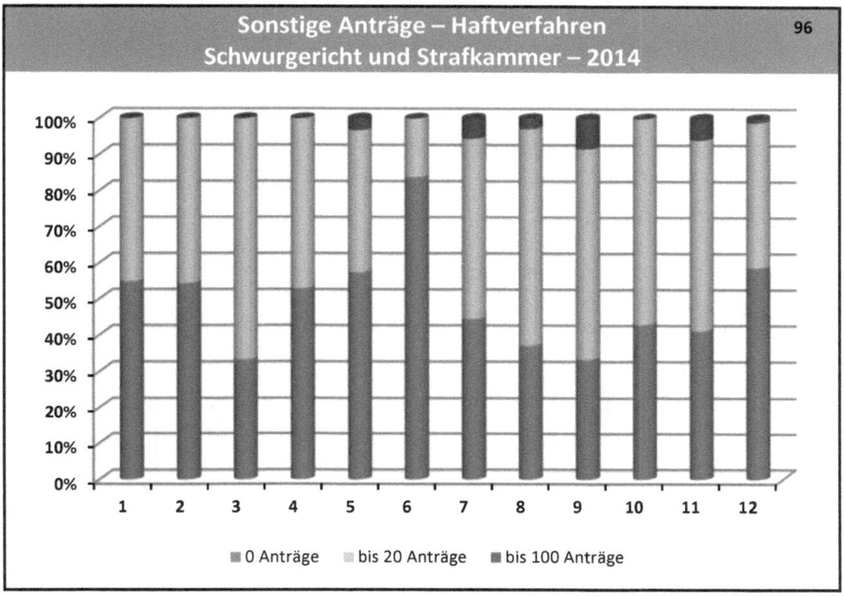
Sonstige Anträge – Haftverfahren
Schwurgericht und Strafkammer – 2014
96
100%
90%
80%
70%
60%
50%
40%
30%
20%
10%
0%
1 2 3 4 5 6 7 8 9 10 11 12
0 Anträge
bis 20 Anträge
bis 100 Anträge

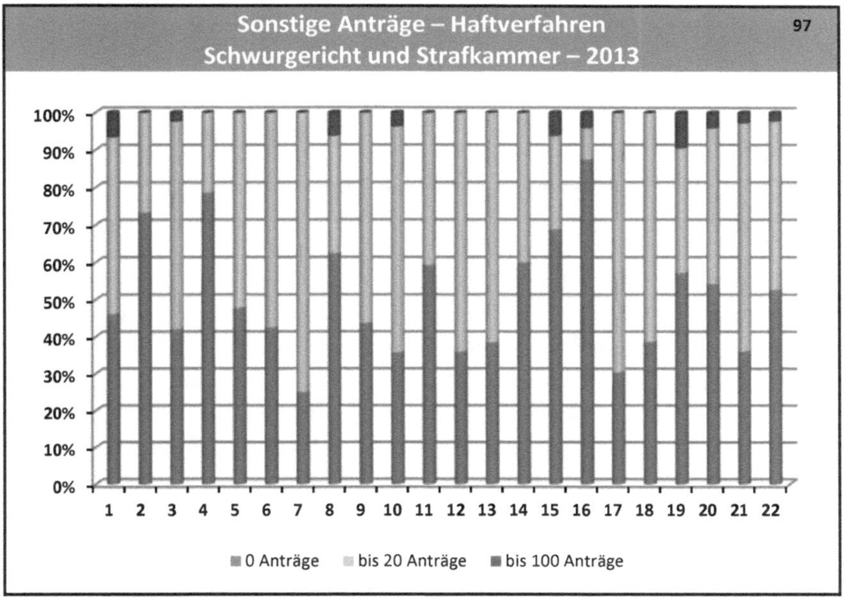
Sonstige Anträge – Haftverfahren
Schwurgericht und Strafkammer – 2013
97
100%
90%
80%
70%
60%
50%
40%
30%
20%
10%
0%
1 2 3 4 5 6 7 8 9 10 11 12 13 14 15 16 17 18 19 20 21 22
0 Anträge
bis 20 Anträge
bis 100 Anträge

Es zeigt sich, dass bei einzelnen Gerichten der Anteil der Verfahren, in denen mehr als 20 Anträge gestellt werden, an die 10 % heranreicht oder diese übertrifft. Es verwundert nicht, dass das Gericht mit der Ziffer 9) in Folie 96 und das Gericht mit der Ziffer 19) in Folie 97 das Gericht mit der längsten Laufzeit der Verfahren war.

Einen noch höheren Anteil erreichen diese Verfahren zwar, wenn man nur die Nichthaftsachen betrachtet:

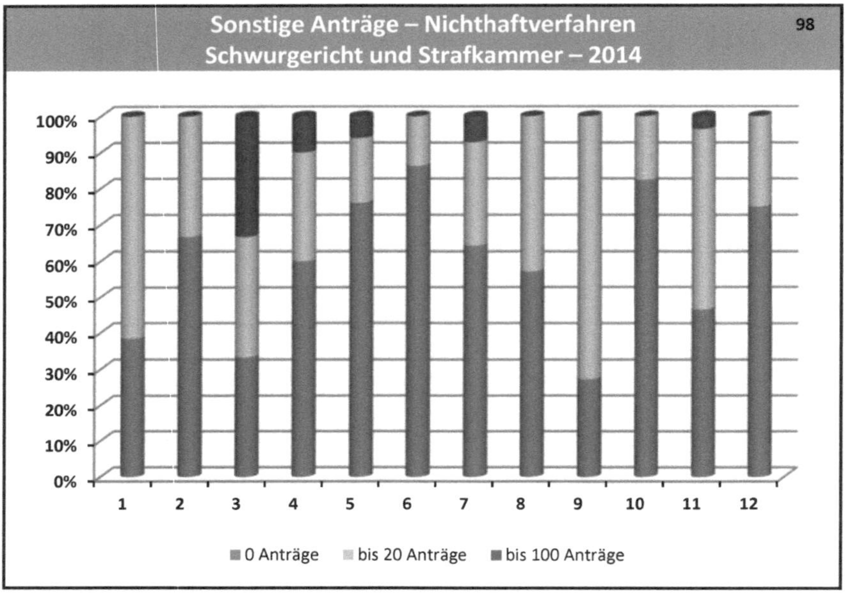

Allerdings ist bei der Auswertung der Folie 98 zu berücksichtigen, dass die absoluten Zahlen, die der Erfassung zugrunde liegen, teilweise sehr niedrig waren. Das Gericht mit der Ziffer 3) in Folie 98 hat beispielsweise nur drei Nichthaftsachen insgesamt erledigen können, von denen dann jeweils eine in die drei oben aufgeführten Kategorien fiel. Bei den Nichthaftsachen ist das Gericht mit der längsten Laufzeit (s.o. Folien 29 und 30) dasjenige mit dem geringsten Anteil an Verfahren ohne Anträge, also in Folie 98 das Gericht mit der Ziffer 9).

Die Ergebnisse der Untersuchung von Dölling/Feltes lassen sich mit den Ergebnissen unserer Untersuchung in diesem Punkt nur sehr eingeschränkt vergleichen. Zum einen haben Dölling/Feltes nur nach Beweisanträgen gefragt und haben wir nach allen „Anträgen, die einer gerichtlichen

Entscheidung bedürfen" gefragt, also etwa auch Einstellungsanträgen, Anträgen zur Sitzordnung oder Aussetzungsanträgen. Zum anderen waren auch die Mengenkategorien von Dölling/Feltes andere: In ihrer Untersuchung wurde differenziert nach 0, 1, 2-4, 5- 9 und ab 10 Anträgen.[15] Wir haben differenziert nach Verfahren ohne Anträge und dann in Zehnerschritten, wobei diese Kategorien von den Praktikern in der bereits erwähnten Arbeitsgruppe als sinnvoll im Hinblick auf unterschiedliche Schwierigkeitskategorien angesehen wurden.

Bestätigt hat sich sicher das Ergebnis aus der Untersuchung von Dölling/Feltes, dass Prozesse, in denen die Verteidigung eine große Zahl von Beweisanträgen oder sonstigen Anträgen stellt, nur eine kleine Minderheit der Verfahren bildet.[16] Das Ergebnis unserer Untersuchung stützt diesen Befund, allerdings mit der Einschränkung, dass die Zahlen bei einzelnen Gerichten durchaus höhere Werte erreichen.

Dölling/Feltes hatten allerdings auch festgestellt, dass in knapp 86 % aller Verfahren in den Ballungsgebieten von der Verteidigung und den Angeklagten kein oder höchstens ein Beweisantrag gestellt wurde.[17] Diese Zahl kann durch die jetzige Untersuchung zwar nicht widerlegt werden, weil wir die Kategorie „1 Antrag" nicht gesondert erfasst haben, allerdings hat sich jetzt ergeben, dass der Anteil an Verfahren ohne Anträge, der damals in den Ballungsgebieten bei 73,3 % der Verfahren lag,[18] deutlich gesunken ist auf knapp über 50 % (bezogen auf Haftsachen vor den allgemeinen Strafkammern/Schwurgericht).

Dölling/Feltes hatten außerdem festgestellt, dass es zwar einen Zusammenhang zwischen der Anzahl von Beweisanträgen und der Dauer der Hauptverhandlung gibt, nicht aber zwischen der Anzahl der Beweisanträge durch Pflichtverteidiger und der Gesamtverfahrensdauer.[19] Für Beweisanträge durch Wahlverteidiger in Ballungsgebieten hatten auch Dölling/Feltes einen Zusammenhang zwischen der Anzahl der Anträge und der Gesamtverfahrensdauer festgestellt.[20] Die jetzige Untersuchung hat gezeigt, dass das Gericht mit dem höchsten Anteil an Verfahren mit mehr als

15 Dölling/Feltes, a.a.O., S. 131.
16 Döllin/Feltes, a.a.O., S. 284.
17 Dölling/Feltes, a.a.O., S. 131.
18 Dölling/Feltes. a.a. O., S. 131.
19 Dölling/Feltes, a.a.O., S. 217
20 Dölling/Feltes , a.a.O., S. 217

20 Beweisanträgen auch das Gericht mit der längsten Verfahrensdauer war.

Fakt 18: Sonstige Anträge

18.1 Der Anteil an Verfahren mit mehr als 20 Beweisanträgen liegt in den Haftsachen vor den allgemeinen Strafkammern und dem Schwurgericht zwischen 2,3 % und 3 %, bei den Jugendkammern etwas darüber.

18.2 Bei einzelnen Gerichten erreicht dieser Anteil einen höheren Wert, bis zu etwa 10%. Das Gericht mit dem höchsten Anteil an Verfahren mit mehr als 20 Beweisanträgen hat die längste Laufzeit.

3.3.12 Anzahl Telefonüberwachungen

Untersucht wurde auch die Anzahl an Verfahren mit und ohne Telefonüberwachungen, wobei aber Telefonate, deren Protokolle im Selbstleseverfahren eingeführt worden sind, nicht gezählt wurden. Da diese Vorgehensweise mittlerweile weit verbreitet ist, geben die nachfolgenden Folien keinen Hinweis auf die Anzahl von Telefonüberwachungen insgesamt, sondern nur darauf, in welcher Anzahl sie in den Hauptverhandlungen zu gesondertem Aufwand geführt haben.

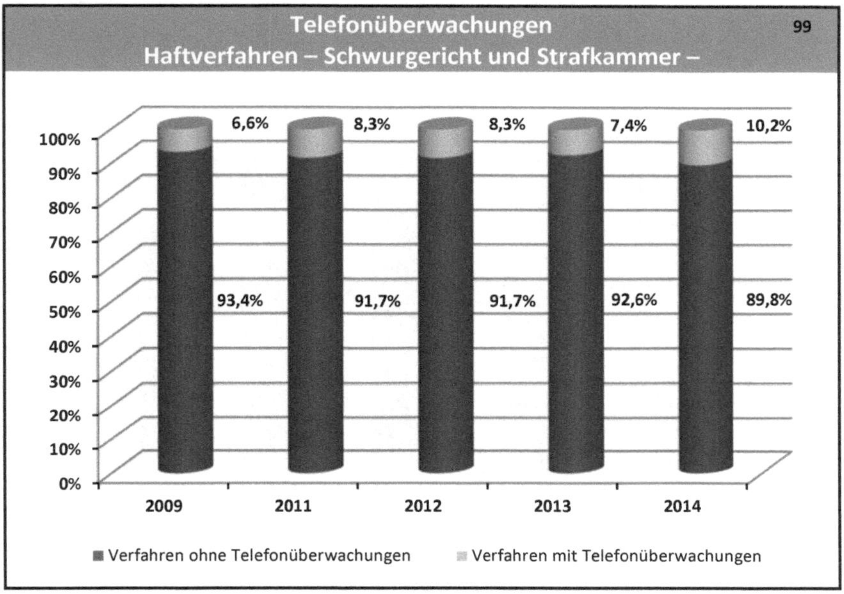

Der Anteil von Verfahren mit Telefonüberwachungen in den Haftsachen vor den allgemeinen Strafkammern und dem Schwurgericht hat sich - bei allerdings nicht ganz eindeutiger Tendenz - von 6,6 % auf 10,2 % erhöht. Bei den Nichthaftsachen liegt der Anteil deutlich darunter zwischen 2,6 % und 4,3 % ohne klare Tendenz.

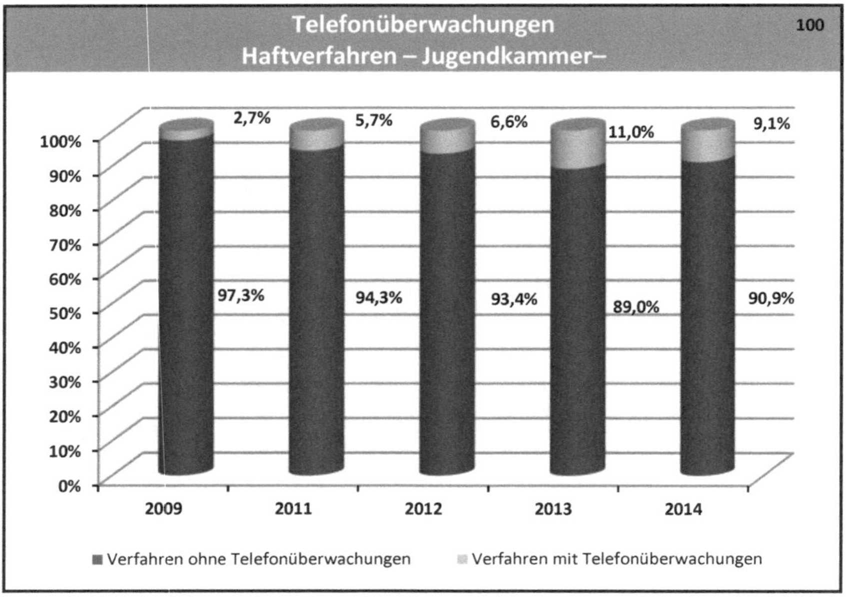
Telefonüberwachungen
Haftverfahren – Jugendkammer–
100
100%
90%
80%
70%
60%
50%
40%
30%
20%
10%
0%
2,7%
5,7%
6,6%
11,0%
9,1%
97,3%
94,3%
93,4%
89,0%
90,9%
2009
2011
2012
2013
2014
Verfahren ohne Telefonüberwachungen
Verfahren mit Telefonüberwachungen

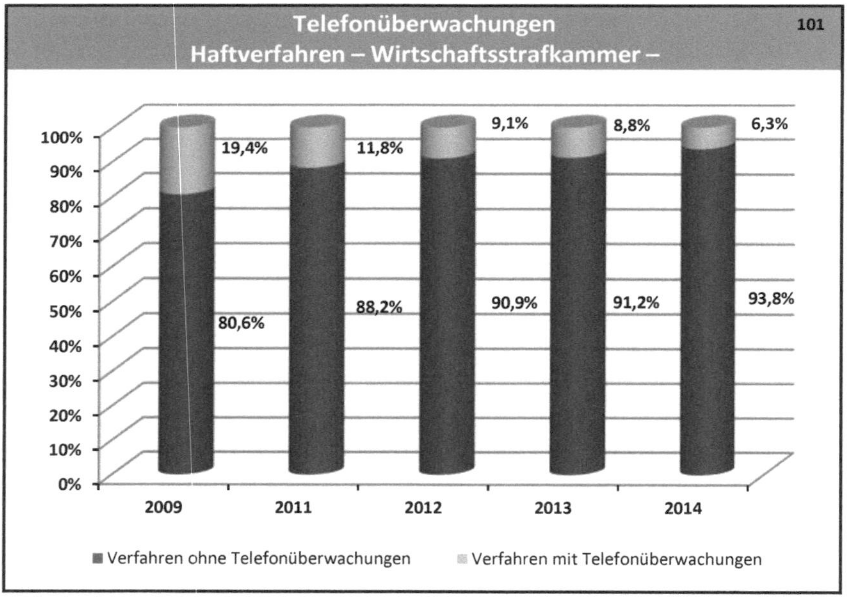
Telefonüberwachungen
Haftverfahren – Wirtschaftsstrafkammer –
101
100%
90%
80%
70%
60%
50%
40%
30%
20%
10%
0%
19,4%
11,8%
9,1%
8,8%
6,3%
80,6%
88,2%
90,9%
91,2%
93,8%
2009
2011
2012
2013
2014
Verfahren ohne Telefonüberwachungen
Verfahren mit Telefonüberwachungen

Bei den Jugendkammern liegt der Anteil von Haftverfahren mit Überwachung - mittlerweile - in der gleichen Größenordnung wie bei den allgemeinen Strafkammern. Bei den Wirtschaftsstrafkammern gibt es größere Schwankungen zwischen 19,4 % und 6,3 % bei eindeutig abnehmender Tendenz.

Fakt 19: Anteil von Verfahren mit Telefonüberwachungen (ohne Selbstleseverfahren)

19.1 Der Anteil von Verfahren mit Telefonüberwachungen in den Haftsachen vor den allgemeinen Strafkammern und dem Schwurgericht hat sich - bei allerdings nicht ganz eindeutiger Tendenz - von 6,6 % auf 10,2 % erhöht

19.2 Bei den Wirtschaftsstrafkammern ist der Anteil in den Haftsachen von 19,4 % auf 6,3 % gesunken.

3.3.13 Selbstleseverfahren

Beim Selbstleseverfahren ist festzustellen, dass sich der Anteil an Verfahren in Haftsachenh, in denen ein Selbstleseverfahren durchgeführt wurde, von 2009 bis 2014 in den allgemeinen Strafkammern und dem Schwurgericht verdoppelt hat (auf 11 %), auch vor den Jugendkammern gibt es einen hohen Anstieg auf jetzt 14 %. In den Wirtschaftsstrafverfahren lag er im Erhebungszeitraum zwischen 47 % und 75 %.

Die Untersuchung von Dölling/Feltes hatte ergeben, dass in den Ballungsgebieten in 96,3 % der Fälle kein Selbstleseverfahren zu Anwendung kommt, in Karlsruhe in 97,3%.[21] Auch dies bestätigt die Erkenntnis, dass das Selbstleseverfahren sich von einer „untergeordneten Rolle“ zu einem Instrument entwickelt hat, das zunehmend an Bedeutung gewinnt.

21 Dölling/Feltes, a.a.O., S. 120.

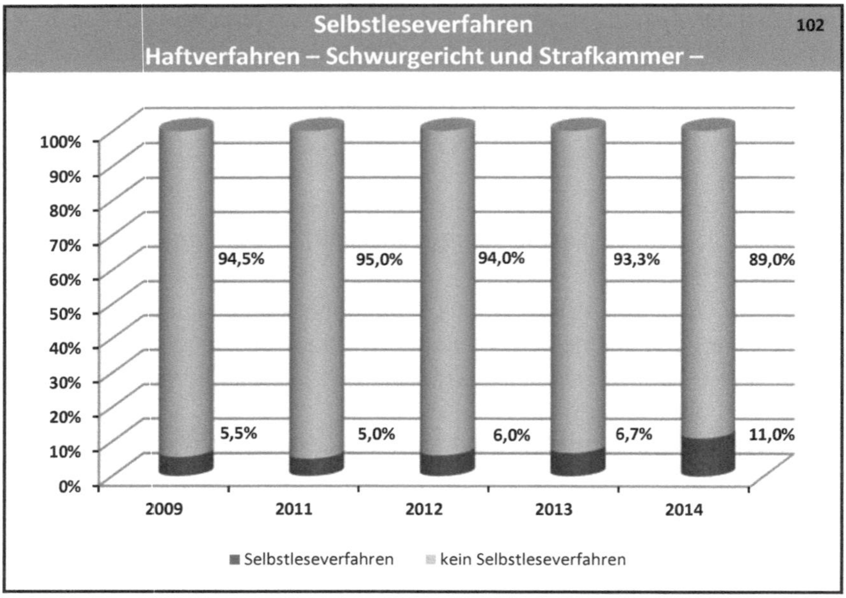
Selbstleseverfahren
Haftverfahren – Schwurgericht und Strafkammer –
102
100%
90%
80%
70%
60%
50%
40%
30%
20%
10%
0%
94,5%
95,0%
94,0%
93,3%
89,0%
5,5%
5,0%
6,0%
6,7%
11,0%
2009
2011
2012
2013
2014
Selbstleseverfahren
kein Selbstleseverfahren

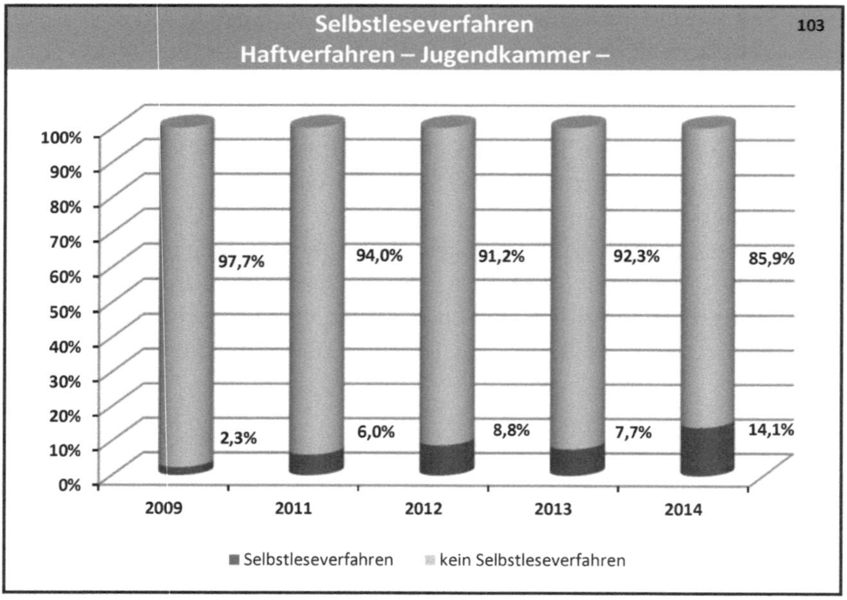
Selbstleseverfahren
Haftverfahren – Jugendkammer –
103
100%
90%
80%
70%
60%
50%
40%
30%
20%
10%
0%
97,7%
94,0%
91,2%
92,3%
85,9%
2,3%
6,0%
8,8%
7,7%
14,1%
2009
2011
2012
2013
2014
Selbstleseverfahren
kein Selbstleseverfahren

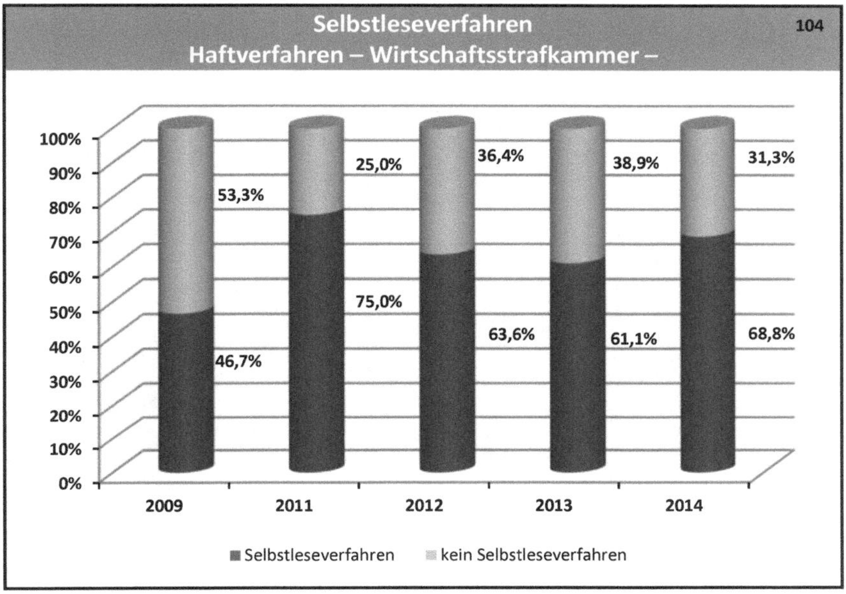

Bei den einzelnen Gerichten wird in höchst unterschiedlichem Umfang vom Selbstleseverfahren Gebrauch gemacht. Teilweise kommt es nur in unter 5 % der Verfahren zur Anwendung, teilweise in über 35 % der Verfahren.[22]

22 Von den in der Folie unter 1) und 2) aufgeführten Gerichten wurden keine Angaben gemacht.

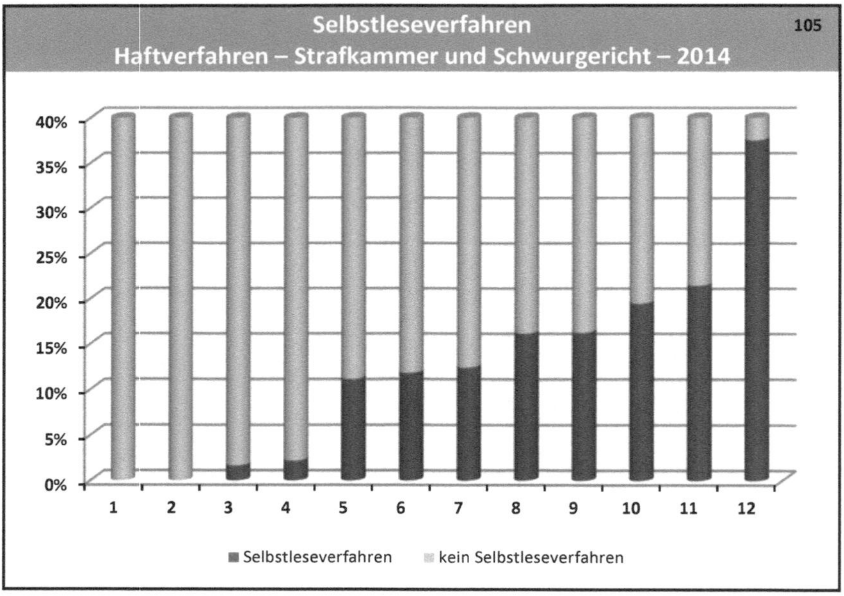

Fakt 20: Selbstleseverfahren

20.1 Der Anteil an Haftverfahren mit Selbstleseverfahren ist im Erhebungszeitraum bei den allgemeinen Strafkammern und dem Schwurgericht sowie den Jugendkammern deutlich angestiegen, auf 11 % bzw. 14 %. Vor den Wirtschaftsstrafkammern liegt er zumeist bei über 60%.

20.2 Bei den einzelnen Gerichten wird in höchst unterschiedlichem Umfang vom Selbstleseverfahren Gebrauch gemacht.

Zusammenfassung der Fakten:

Fakten 1 und 2: Anteil Haftsachen

1. In den Erhebungsjahren bewegte sich der Anteil der Haftsachen an den erledigten Verfahren

1.1 bei den allgemeinen Strafkammern zwischen 49 % und 61%,

1.2 bei den Schwurgerichten zwischen 77 % und 87 %,

1.3 bei den Jugendkammern mit konstant sinkender Tendenz zwischen 58 % und 45 %,

1.4 bei den Wirtschaftsstrafkammern zwischen 14 % und 36 %.

2. Bei den verschiedenen Gerichten ist der Anteil der Haftsachen an den erledigten Verfahren sehr unterschiedlich. Bei den allgemeinen Strafkammern und den Schwurgerichten (zusammengerechnet) lag er beispielsweise im Jahr 2013 zwischen 40 % und 80 %.

Fakt 3: Eingesetzte Richterarbeitskraftanteile

3. Unter den einzelnen Landgerichten bestehen große Unterschiede im Hinblick auf die Anzahl der eingesetzten Richterarbeitskraftanteile pro 100.000 Einwohner. Bei einigen Gerichten werden doppelt so viele AKA eingesetzt wie an anderen Gerichten.

Fakt 4: Anzahl abgeschlossener Schwurgerichtsverfahren pro 100.000 Einwohner

4. Die Anzahl abgeschlossener Schwurgerichtsverfahren pro 100.000 Einwohner schwankt stark zwischen den einzelnen Gerichten, von Gericht zu Gericht, aber auch von Jahr zu Jahr.

Fakt 5: Anzahl abgeschlossener Strafkammerverfahren pro 100.000 Einwohner

5. Auch diese Anzahl schwankt stark zwischen den einzelnen Gerichten, weniger stark von Jahr zu Jahr. Eine hohe Anzahl abgeschlossener Verfah-

ren entspricht nicht immer einer hohen Anzahl von eingesetzten Richterarbeitskraftanteilen.

Fakt 6: Laufzeiten

6.1 Die Laufzeiten bei den Haftsachen haben sich im Erhebungszeitraum bei den allgemeinen Strafkammern nur geringfügig verlängert, ebenso bei den Jugendkammern. Sie liegen bei etwa 150 Tagen.

6.2 Die Dauer der Nichthaftsachen hat sich in den Strafkammerverfahren etwas verkürzt, Wirtschaftssachen haben sich verlängert. Bei den allgemeinen Strafkammern und bei den Jugendkammern liegen die Werte bei etwa 300 Tagen. Wirtschaftssachen dauern etwa doppelt so lange.

6.3 Damit dauern Nichthaftsachen vor den allgemeinen Strafkammern und Jugendkammern etwa doppelt so lange wie Haftsachen.

6.4 Bei einzelnen Gerichten werden die Haftsachen durchschnittlich doppelt so schnell (nämlich in etwa 100 Tagen) erledigt wie an anderen Gerichten (etwa 200 Tage). Auch bei den Nichthaftsachen gibt es ähnliche Unterschiede (etwa 200 Tage zu etwa 400 Tagen).

6.5 Schnelle Laufzeiten korrespondieren nicht immer mit einer hohen Anzahl eingesetzter Richterarbeitskraftanteile.

Fakt 7: Anzahl und Dauer der Hauptverhandlungstage

7.1 Die durchschnittliche Anzahl an Hauptverhandlungstagen pro abgeschlossenem Haftverfahren vor den allgemeinen Strafkammern und dem Schwurgericht ist von 2009 bis 2014 von 4,5 auf 5,2 gestiegen.

7.2 Die durchschnittliche Dauer der Hauptverhandlungstage in Haftsachen liegt im Erhebungszeitraum bei nur geringen Schwankungen in allen Verfahrensarten bei etwa 230 Minuten.

7.3 Die Schwankungsbreite bei der Anzahl der Hauptverhandlungsminuten pro Tag in den Haftsachen lag im Jahr 2014 zwischen den einzelnen Gerichten bei etwa 100 Minuten.

Fakt 8: Vollstreckungsabschlag

8.1 In Haftsachen wurde ein Vollstreckungsabschlag vor den allgemeinen Strafkammern und den Jugendkammern in weniger als 2 % aller Verfahren gewährt, in Wirtschaftssachen schwankt dieser Anteil von Jahr zu Jahr zwischen 4,8 % und 16,1 %.

8.2 In Nichthaftsachen wurde ein Vollstreckungsabschlag deutlich häufiger gewährt. Bei den Wirtschafssachen liegt der Anteil dieser Verfahren bei etwa einem Viertel bis einem Drittel. In Jugendsachen lag der Anteil in den letzten drei Jahren bei unter 2%, bei den allgemeinen Strafkammern in den letzten 4 Jahren zwischen 5 % und 8 %.

Fakt 9: Prozentuales Verhältnis der verhandelten zu den nicht verhandelten Verfahren

9. Von einzelnen Gerichten werden über 50 % aller Verfahren ohne Hauptverhandlung abgeschlossen, von anderen Gerichten weniger als 10 %.

Fakt 10: Prozentualer Anteil an Haftsachen im Verhältnis zur Laufzeit und zu eingesetzten Richterarbeitskraftanteilen

10.1 Der prozentuale Anteil an Haftsachen ist von Gericht zu Gericht sehr unterschiedlich: von unter 40 % bis über 80 %.

10.2 Ein hoher Anteil an Haftsachen bedeutet nicht zwangsläufig, dass die Laufzeiten kürzer sind.

10.3 Ein hoher Anteil an Haftsachen bedeutet nicht zwangsläufig eine hohe Zahl eingesetzter Richterarbeitskraftanteile.

Fakt 11: Schwierigkeitsgrade

11.1 Die Schwierigkeitsgrade der Verfahren vor den allgemeinen Strafkammern und den Jugendkammern sind im Erhebungszeitraum unterschiedlich ohne klare Tendenz.

11.2 Bei einzelnen Gerichten gibt es einen deutlichen Zusammenhang zwischen einem hohen Schwierigkeitsgrad und einer langen Laufzeit der Verfahren, insbesondere bei dem Gericht, das jeweils auf Platz 1 liegt.

Fakt 12: Kammerbesetzung (Zweier - oder Dreierbesetzung)

12.1 Der Anteil an Haftverfahren, die vor den allgemeinen Strafkammern in Zweierbesetzung verhandelt werden, ist von 2009 bis 2014 kontinuierlich gesunken: von 77 % auf 49 %. Bei den Jugend- und Wirtschaftsstrafkammern gibt es kein eindeutiges Bild, bei den Jugendkammern aber eine steigende Tendenz.

12.2 Bei den Nichthaftverfahren ist der Anteil an Verfahren, die vor den allgemeinen Strafkammern in Zweierbesetzung verhandelt werden, von 84 % auf 64 % gesunken. Bei den Jugendkammern ist er über die Jahre bei leichten Schwankungen von etwas über 70% (2009/2011) über etwa 60 % (2012/2013) auf 54% (2014) gesunken. Auch in Wirtschaftssachen ist er gesunken von 27 - 30 % (2009 - 2012) auf etwa 20 % (2013/2014).

12.3 Von einzelnen Gerichten, die nahezu alle Verfahren in Dreierbesetzung verhandeln, reicht die Spanne bis zu einem anderen Gericht, in dem im Jahr 2013 90 % aller Verfahren in Zweierbesetzung verhandelt worden sind.

Fakt 13: Aktenumfang

13.1 In den Haftsachen vor den allgemeinen Strafkammern und dem Schwurgericht sinkt der Anteil an kleinen Verfahren bis 600 Blatt. Von 54 % im Jahr 2009 ist der Anteil dieser Verfahren auf 37 % im Jahr 2014 kontinuierlich gesunken. Gleichzeitig steigt der Anteil an Verfahren mit mehr als 2000 Blatt mit leichten Schwankungen an (von 16 % auf 24 %).

13.2 Unter den einzelnen Gerichten gibt es im Hinblick auf den Anteil der „dünnen" und „dicken" Verfahren große Unterschiede: bei einzelnen Gerichten liegt der Anteil „dünner" Verfahren bei knapp 70 %, bei anderen Gerichten bei etwa 10%. Bei diesen gibt es zugleich einen hohen Anteil „dicker" Verfahren. Bei vielen (14) Gerichten liegt der Anteil „dünner" Verfahren jedoch bei 30 % bis knapp über 40 %.

13.3 Bei den Jugendkammern in den Haftsachen sind die Schwankungen noch größer (von 10 % bis knapp 80 % dünne Verfahren).

Fakt 14: Befangenheitsanträge in Haftsachen

14.1 Der durchschnittliche prozentuale Anteil von Verfahren mit Befangenheitsanträgen ist in den allgemeinen Strafkammern/Schwurgerichten und bei den Jugendkammern nicht groß: im Erhebungszeitraum lag er bei höchstens 5 % der Verfahren pro Jahr.

14.2 Bei einzelnen Gerichten liegt der Anteil an Verfahren mit Befangenheitsanträgen jedoch über alle Jahre bei über 10%.

14.3 Bei den Wirtschaftsstrafkammern ist auch der durchschnittliche Anteil höher: er lag zwischen 6,3 % und 22,9 %.

Fakt 15: Zeugen pro Verfahren

15.1 Der Anteil der Verfahren mit mehr als 11 Zeugen pro verhandeltem Haftverfahren vor den Strafkammern und Schwurgerichten ist gestiegen (von 28 % auf 37 %). Bei den Wirtschaftsstrafkammern ist dieser Anteil gesunken, bei den Jugendkammern gibt es kein eindeutiges Bild.

15.2 Bei den Nichthaftsachen gibt es keine deutlichen Tendenzen.

15.3 Manche Gerichte vernehmen im Schnitt doppelt so viele Zeugen pro Tag wie andere Gerichte.

Fakt 16: Anzahl Dolmetschertage pro Verfahren

16. Die Anzahl an Dolmetschern pro verhandeltem Haftverfahren vor den allgemeinen Strafkammern und dem Schwurgericht ist von 2012 bis 2014 gestiegen.

Fakt 17: Nebenklage

17.1 Hinsichtlich des Anteils der Verfahren mit und ohne Nebenklage und ihrer Anzahl gibt es im Erhebungszeitraum keine eindeutigen Tendenzen.

17.2 Vor dem Schwurgericht ist die durchschnittliche Anzahl an Nebenklagen pro Verfahren etwa dreimal so hoch wie in den Verfahren vor den allgemeinen Strafkammern. Vor dem Schwurgericht gibt es im Schnitt in jedem Verfahren eine Nebenklage. Der Anteil der Verfahren mit Nebenklage liegt hier bei etwa 60%, bei den allgemeinen Strafkammern im Durchschnitt bei etwas weniger als 30%.

Fakt 18: Sonstige Anträge

18.1 Der Anteil an Verfahren mit mehr als 20 Beweisanträgen liegt in den Haftsachen vor den allgemeinen Strafkammern und dem Schwurgericht zwischen 2,3 % und 3 %, bei den Jugendkammern etwas darüber.
18.2 Bei einzelnen Gerichten erreicht dieser Anteil einen höheren Wert, bis zu etwa 10%. Das Gericht mit dem höchsten Anteil an Verfahren mit mehr als 20 Beweisanträgen hat die längste Laufzeit.

Fakt 19: Anteil von Verfahren mit Telefonüberwachungen (ohne Selbstleseverfahren)

19.1 Der Anteil von Verfahren mit Telefonüberwachungen in den Haftsachen vor den allgemeinen Strafkammern und dem Schwurgericht hat sich - bei allerdings nicht ganz eindeutiger Tendenz - von 6,6 % auf 10,2 % erhöht
19.2 Bei den Wirtschaftsstrafkammern ist der Anteil in den Haftsachen von 19,4 % auf 6,3 % gesunken.

Fakt 20: Selbstleseverfahren

20.1 Der Anteil an Haftverfahren mit Selbstleseverfahren ist im Erhebungszeitraum bei den allgemeinen Strafkammern und dem Schwurgericht sowie den Jugendkammern deutlich angestiegen, auf 11 % bzw. 14 %. Vor den Wirtschaftsstrafkammern liegt er zumeist bei über 60%.
20.2 Bei den einzelnen Gerichten wird in höchst unterschiedlichem Umfang vom Selbstleseverfahren Gebrauch gemacht.

2. Teil: Schlussfolgerungen

Im Folgenden sollen zunächst die Schlussfolgerungen dargestellt werden, die die Konferenz der Präsidentinnen und Präsidenten der Oberlandesgerichte aus der Datenerhebung im Hinblick auf Gesetzgebungsvorschläge gezogen hat. Sodann sollen die Schlussfolgerungen dargestellt werden, die von den Oberlandesgerichten auf Verwaltungsebene aus der Datenerhebung gezogen wurden. In einem dritten Teil sollen eigene Schlussfolgerungen dargestellt werden.

1. Schlussfolgerungen der Konferenz der Präsidentinnen und Präsidenten der Oberlandesgerichte

1.1. Gesetzgebungsvorschläge 2010

Die Konferenz der Präsidentinnen und Präsidenten der Oberlandesgerichte, des Kammergerichts und des Bundesgerichtshofs hat auf ihrer 62. Jahrestagung im Jahr 2010 beschlossen, Vorschläge der von ihr im Jahr 2008 eingesetzten Arbeitsgruppe zur Situation der erstinstanzlichen Strafkammern der Landgerichte, die die vorliegende Datenerhebung initiiert hat, an die damalige Justizministerin zu übermitteln. Dabei handelte es sich um folgende Vorschläge:

1.1.1 Recht der Befangenheitsanträge

Unter Bezugnahme auf die Ergebnisse der Datenerhebung weist die Konferenz darauf hin, dass Befangenheitsanträge zwar nicht in der Masse, aber durchaus in einigen Verfahren zu erheblichen Verzögerungen führen. Dies gelte vor allem für sogenannte Kettenablehnungen. Es wurden daher konkret 3 Gesetzgebungsvorschläge zum Recht der Befangenheitsanträge gemacht:

- Es könne erwogen werden, die Zuständigkeit für die Entscheidung über Befangenheitsanträge einer speziellen Strafkammer zuzuweisen. Eine solche Regelung hätte den Vorteil, dass die Zuständigkeit von vornherein feststünde; außerdem könne sich die größere sachliche Ferne positiv auf die Akzeptanz der Entscheidung auswirken.

- Um bei mehrfachen Befangenheitsanträgen den zeitlichen Entscheidungsdruck zu reduzieren, solle § 29 Abs. 2 Satz 1 StPO etwas flexibler formuliert werden, etwa dahin, dass über die Ablehnung binnen angemessener Frist, spätestens vor der Urteilsverkündung zu entscheiden sei.
- Im Hinblick darauf, dass mitunter noch kurz vor den Schlussvorträgen Befangenheitsanträge mit dem Ziel gestellt werden, während der dadurch ausgelösten Unterbrechung der Hauptverhandlung Material für neue Beweisanträge zu sammeln, solle § 246 Absatz 1 StPO dahingehend ergänzt werden, dass Beweisanträge, die erst nach dem letzten Wort des Angeklagten gestellt werden, unzulässig seien.

1.1.2 Recht der Pflichtverteidigung

Da Vertrauens-Pflichtverteidiger zeitlich häufig überlastet seien und dadurch Terminsverlegungen erforderlich würden und Verzögerungen anderer Art einträten, könne der daraus resultierende Konflikt zwischen dem Beschleunigungsgebot und dem Recht auf Verteidigung durch einen Verteidiger des Vertrauens durch eine klarstellende gesetzliche Regelung in § 143 Abs. 2 StPO entschärft werden. Es könnte klargestellt werden, dass die Bestellung eines Pflichtverteidigers zurückzunehmen sei, wenn bei Fortdauer der Bestellung das Beschleunigungsgebot verletzt werde.

1.1.3 Beweisantragsrecht

Die Konferenz weist darauf hin, dass die jüngere Rechtsprechung des Bundesgerichtshofs, die vom Bundesverfassungsgericht bestätigt wurde, der verspäteten Stellung von Beweisanträgen mit Verschleppungsabsicht Grenzen gesetzt habe. Gleichwohl sei die Rechtslage unsicher. Diese Unsicherheit könne dadurch behoben werden, dass in § 246 Abs. 1 StPO eine angemessene Frist für die Stellung von Beweisanträgen statuiert werde, nach deren fruchtlosem Ablauf die Anträge zurückgewiesen werden könnten, sofern die Verspätung nicht nachweislich unverschuldet war.

1.1.4 Der gesetzliche Richter

Im Hinblick darauf, dass das geltende Recht an die ordnungsgemäße Besetzung von Spruchkörpern und an die Geschäftsverteilung der Gerichte hohe formelle Anforderungen stelle, seien Modifikationen zu erwägen, die einem effizienten Personaleinsatz und zugleich der Verfahrensbeschleunigung dienen. Konkret wurden dazu 4 Vorschläge gemacht:

- Die Bildung von Hilfsstrafkammern sei eine Quelle von Besetzungsrügen und Urteilsaufhebungen. Deshalb könnte die gesetzliche Möglichkeit geschaffen werden, Hilfsstrafkammern schon vorsorglich - und zwar unanfechtbar - einzurichten und dem Präsidium die Möglichkeit zu eröffnen, sie bei Bedarf während des Geschäftsjahres zu besetzen.
- Nach geltendem Recht sei der Zuweisung anderer richterlicher Geschäfte an besondere Strafkammern (Schwurgerichts- und Wirtschaftsstrafkammern) im laufenden Geschäftsjahr enge Grenzen gesetzt. Das erschwere die Möglichkeit, zeitnah für einen angemessenen Belastungsausgleich zu sorgen. Dem könnte durch eine entsprechende Ergänzung von § 74 Abs. 2 und § 74 c Abs. 1 GVG abgeholfen werden.
- Die in § 222 a Abs. 2 StPO vorgesehene Frist zur Besetzungsmitteilung lasse sich in der Praxis häufig nicht einhalten, was zu Anträgen auf Unterbrechung der Hauptverhandlung führen könne. Da die Aussetzung der Hauptverhandlung wegen vorschriftswidriger Besetzung selten sei, erscheine die Vorschrift entbehrlich. § 222 b Abs. 2 StPO müsse entsprechend angepasst werden.
- Bisweilen stelle sich bei langdauernden Strafverfahren das Problem, dass ein Mitglied der Strafkammer demnächst die Altersgrenze erreiche. Dem könne durch eine Öffnung von § 4 Abs. 2 DRiG Rechnung getragen werden, wonach der erkennende Richter auf seinen Antrag berechtigt ist, die Amtsgeschäfte für die Dauer dieses Verfahrens fortzuführen.[23]

---

23 Als aktuelles Beispiel zu dieser Problematik mag der Koblenzer „Neonazi-Prozess" gelten: Hier war nach Prozessauftakt im Sommer 2012 in einem Verfahren gegen - ursprünglich - 26 Angeklagte das Verfahren nach mehr als 300 Verhandlungstagen und 5-jähriger Hauptverhandlungsdauer zunächst ausgesetzt und dann eingestellt worden, weil der Vorsitzende im Juni 2017 mit Erreichen der Altersgrenze zwingend aus dem Dienst scheiden würde. Ein Ergänzungsrichter war bereits für ein ausgeschiedenes Kammermitglied nachgerückt. - Spiegel online v. 02.05.2017, Zeit online vom 30.05.2017.

1.1.5 Einheitsstrafe

Die Konferenz weist ferner darauf hin, dass sich die Arbeitsgruppe dafür ausgesprochen habe, das gegenwärtige Gesamtstrafensystem im Erwachsenenstrafrecht durch ein Einheitsstrafensystem zu ersetzen. Dies gelte trotz des Scheiterns zahlreicher rechtspolitischer Versuche in der Vergangenheit, die Einheitsstrafe im Erwachsenenstrafrecht einzuführen. Denn die Bildung von Gesamtstrafen aus oft zahlreichen Einzelstrafen belaste die Gerichte erheblich. Sie führen insbesondere bei Serienstraftätern zu einerseits umfangreichen, andererseits inhaltslosen und sich ständig wiederholenden Urteilsbegründungen, die überdies revisionsanfällig und der Öffentlichkeit kaum vermittelbar seien. Die höchstrichterliche Rechtsprechung zum Fortsetzungszusammenhang habe diese Problematik noch verstärkt. Die dogmatische und systematische Komplexität des Themas solle nicht davon abhalten, diese rechtspolitische Aufgabe erneut in Angriff zu nehmen.

Eine Reaktion aus dem Bundesjustizministerium auf die Gesetzgebungsvorschläge aus dem Jahr 2010 gegenüber der Konferenz der Präsidentinnen und Präsidenten der Oberlandesgerichte, des Kammergerichts und des Bundesgerichtshofs ist nicht erfolgt.

1.2 Gesetzgebungsvorschläge 2015

Auf der 67. Jahrestagung der Konferenz im Juni 2015 in Frankfurt ist das Thema daher erneut aufgegriffen worden, zumal die Reformdiskussion zur Strafprozessordnung im Jahr 2014 erneut Fahrt aufgenommen hatte, nachdem das BMJV im Sommer 2014 eine Expertenkommission zur Reform des Strafprozessrechts einberufen hatte.[24]

Die Konferenz hat beschlossen, erneut eine Arbeitsgruppe einzurichten, deren Aufgabe es sein sollte, den vom BMJV im Jahr 2014 durch Einsetzung einer Expertenkommission angestoßenen Reformprozess zur Steigerung der Effektivität und Praxistauglichkeit des Strafprozesses eng zu begleiten.

24 Pressemeldung des BMJV v. 07.07.2014.

In der Pressemitteilung des Oberlandesgerichts Frankfurt vom 24.06.2015 zu den Ergebnissen der Jahrestagung heißt es dazu:

> „*Zukunft des Strafprozesses*
> Die Präsidentinnen und Präsidenten der Oberlandesgerichte und des Kammergerichts stellen fest, dass die Dauer und die Komplexität erstinstanzlicher Strafverfahren vor allem vor den Landgerichten in den letzten Jahren zugenommen haben. Sie sehen daher mit Sorge, dass insbesondere in Wirtschaftsstrafverfahren aufgrund der zunehmenden Dauer der Verfahren immer häufiger Abschläge im Strafmaß gemacht werden müssen.
> Eine ausreichende personelle Ausstattung der Justiz in den Ländern ist unerlässlich. Ferner besteht gesetzgeberischer Handlungsbedarf, Strafverfahren zu optimieren und praxistauglicher zu gestalten. Die Präsidentinnen und Präsidenten greifen daher erneut Vorschläge auf, die sie bereits 2010 in die Diskussion eingebracht hatten, und schlagen unter anderem Reformen im Recht der Befangenheit, die Möglichkeit der Entbindung von Pflichtverteidigern bei Verstößen gegen das Beschleunigungsgebot sowie eine Flexibilisierung des Richtereinsatzes im Interesse einer Verfahrensbeschleunigung vor.
> Die Präsidentinnen und Präsidenten werden die weitere Diskussion über Reformen im Strafprozess eng begleiten.
> ...Als aktuelles Beispiel eines besonders umfangreichen Strafverfahrens in Frankfurt am Main kann auf das Verfahren gegen Verantwortliche der Immobilienfirma S&K verwiesen werden. Allein die Anklage gegen sieben Personen umfasst mehr als 3.100 Seiten; dazu kommen 1.100 Leitz-Ordner; die Zahl möglicher Geschädigter liegt bei mehr als 11.000; die Schadenssumme könnte nach den Vorwürfen in der Anklage 350 Millionen Euro betragen. Die zuständige Kammer des Landgerichts Frankfurt am Main prüft seit einigen Wochen, ob das Verfahren zu eröffnen ist.“

Die Konferenz hat also die Gesetzgebungsvorschläge von 2010 erneut aufgegriffen und im Übrigen der Arbeitsgruppe „Zukunft des Strafprozesses“ den Auftrag erteilt, den Reformprozess eng zu begleiten. Die Sorge der Konferenz wegen der Abschläge im Strafmaß insbesondere in umfangreichen Wirtschaftsstrafverfahren knüpfte dabei unmittelbar an die Erkenntnisse aus der Datenerhebung an (s.o. Fakt 8.2).

Die Expertenkommission des BMJV übergab ihren Abschlussbericht am 13. Oktober 2015 an den Bundesjustizminister.[25]

Dies nahmen die Oberlandesgerichte und das Kammergericht zum Anlass, ihrerseits ihre mittlerweile überarbeiteten Gesetzgebungsvorschläge in einer gemeinsamen Presseerklärung zu veröffentlichen.

---

25 Pressemitteilung des BMJV v. 13.10.2015.

Die Pressemitteilung des Oberlandesgerichts Celle dazu vom 13.10.2015 hatte folgenden Wortlaut:

OLG-Präsidenten machen Vorschläge für Strafprozess

Gemeinsame Pressemitteilung aller Oberlandesgerichte und des Kammergerichts

- Stellungnahme zu den Vorschlägen der Expertengruppe des BMJV -

Celle. Die Oberlandesgerichte begrüßen den Vorstoß des BMJV, den Strafprozess effektiver und praxistauglicher zu gestalten. Sie haben bereits im Jahr 2010 eigene Gesetzgebungsvorschläge unterbreitet, die genau dieses Ziel verfolgen. Die Oberlandesgerichte würden es befürworten, wenn bei der weiteren Diskussion auch diese Vorschläge in den Blick genommen würden.
Im Zentrum ihrer Anregungen stehen Reformen des derzeit starren Systems der Verteilung der Strafverfahren innerhalb der Gerichte, um mithilfe eines effektiven Personaleinsatzes die Strafverfahren zu beschleunigen. Die Vorschläge der Oberlandesgerichte sehen ferner Reformen im Bereich des Rechts der Befangenheitsanträge, der Beweisanträge und der Besetzungsrügen sowie bei der Auswahl des Pflichtverteidigers vor.

Im Einzelnen:
<u>Flexiblere Verteilung der Verfahren</u>
Das geltende Recht stellt an die ordnungsgemäße Besetzung von Strafkammern und an die Geschäftsverteilung der Gerichte hohe formelle Anforderungen. Deshalb sind der Umverteilung der Verfahren zwischen verschiedenen Strafkammern eines Gerichts im laufenden Geschäftsjahr enge Grenzen gesetzt. Der Eingang von Umfangsverfahren oder Haftsachen führt immer wieder dazu, dass die zu Jahresbeginn bestimmten zuständigen Strafkammern nicht mehr alle Verfahren zügig bewältigen können. Deshalb soll durch ergänzende Regelungen im Gerichtsverfassungsgesetz die Möglichkeit verbessert werden, auch diejenigen Strafverfahren schneller zu erledigen, in denen Angeklagte nicht inhaftiert sind.
Damit langdauernde Strafverfahren nicht durch Pensionierung eines Richters neu aufgerollt werden müssen, soll zudem der Richter auf seinen Antrag berechtigt sein, die Amtsgeschäfte für die Dauer dieses Verfahrens fortzuführen.
<u>Befangenheitsanträge</u>
Um Verfahrensverzögerungen durch Befangenheitsanträge - insbesondere Kettenablehnungen - zu vermeiden, wird vorgeschlagen, die Zuständigkeit einer speziellen Strafkammer für die Entscheidung über die Anträge festzulegen und den Fortgang des Strafverfahrens bis zur Entscheidung über den Antrag zu ermöglichen. Ferner soll dem Antragsteller aufgegeben werden können, seinen Befangenheitsantrag schriftlich zu stellen. In der Praxis ist immer wieder zu beobachten, dass Befangenheitsanträge mündlich über Stunden begründet werden, obwohl über die Anträge in der Regel außerhalb der Hauptverhandlung von anderen Richtern zu entscheiden ist.

Beweisanträge
Um die Verschleppung von Verfahren durch Beweisanträge zu verhindern, wird vorgeschlagen, eine Frist für solche Anträge in die Strafprozessordnung aufzunehmen.
Auswahl des Pflichtverteidigers
Zur Verfahrensbeschleunigung soll außerdem die Möglichkeit eröffnet werden, die Bestellung des Pflichtverteidigers zurück zu nehmen, wenn mit ihm Verhandlungstermine nicht zeitnah bestimmt werden können.
Anliegend finden Sie die Vorschläge im Wortlaut:

Gesetzgebungsvorschläge der OLG-Präsidentenkonferenz zu Strafprozessordnung und Gerichtsverfassungsgesetz
- Überarbeitete Fassung September 2015 -

1. Recht der Befangenheitsanträge
Befangenheitsanträge führen zwar nicht in der Masse, aber durchaus in einigen Verfahren zu erheblichen Verzögerungen. Das gilt vor allem für sogenannte Kettenablehnungen.

- Es könnte erwogen werden, durch eine Änderung von § 27 StPO die Zuständigkeit für die Entscheidung über Befangenheitsanträge einer speziellen Strafkammer zuzuweisen. Eine solche Regelung hätte den Vorteil, dass die Zuständigkeit von vornherein feststünde; außerdem könnte sich die größere sachliche Ferne positiv auf die Akzeptanz der Entscheidung auswirken.
- Um bei mehrfachen Befangenheitsanträgen den zeitlichen Entscheidungsdruck zu reduzieren, sollte § 29 Abs. 2 Satz 1 StPO etwas flexibler formuliert werden, etwa dahin, dass über die Ablehnung binnen angemessener Frist, spätestens vor der Urteilsverkündung, - oder zu einem sonstigen, vom Gesetzgeber zu bestimmenden späteren Zeitpunkt - zu entscheiden ist.
- Mitunter werden noch kurz vor den Schlussvorträgen Befangenheitsanträge mit dem Ziel gestellt, während der dadurch ausgelösten Unterbrechung der Hauptverhandlung Material für neue Beweisanträge sammeln zu können. Dem Anreiz, zu diesem späten Zeitpunkt Befangenheitsanträge zu stellen, könnte mittelbar durch eine Ergänzung des § 246 Abs. 1 StPO vorgebeugt werden, wonach Beweisanträge, die erst nach dem letzten Wort des Angeklagten gestellt werden, unzulässig sind.
- Streichung des § 26 Abs. 1 Satz 2 StPO: Durch den dort derzeit geregelten Ausschluss der Geltung des § 257a StPO ist es den Gerichten derzeit verwehrt, dem Antragsteller aufzugeben, seinen Befangenheitsantrag schriftlich zu stellen. In der Praxis ist immer wieder zu beobachten, dass diese gegenwärtige Regelung dazu missbraucht wird, Befangenheitsanträge mündlich über Stunden zu begründen, obwohl über die Anträge in der Regel in der Besetzung außerhalb der Hauptverhandlung von anderen Richtern zu entscheiden ist.

2. Recht der Pflichtverteidigung
Nennenswerte Verfahrensverzögerungen treten dadurch ein, dass Vertrauens-Pflichtverteidiger zeitlich überlastet sind. Das führt zu Terminsverlegungen

und zu Verzögerungen anderer Art. Der daraus erwachsende Konflikt zwischen dem Beschleunigungsgebot und dem Recht auf Verteidigung durch einen Verteidiger des Vertrauens könnte durch eine klarstellende gesetzliche Regelung in § 143 Abs. 2 StPO entschärft werden, wonach die Bestellung eines Pflichtverteidigers zurückzunehmen ist, wenn bei Fortdauer der Bestellung das Beschleunigungsgebot verletzt wird.

3. Beweisantragsrecht

Die jüngere Rechtsprechung des Bundesgerichtshofs, die vom Bundesverfassungsgericht bestätigt wurde, hat der verspäteten Stellung von Beweisanträgen mit Verschleppungsabsicht Grenzen gesetzt. Gleichwohl ist die Rechtslage unsicher. Diese Unsicherheit könnte dadurch behoben werden, dass in § 246 Abs. 1 StPO eine angemessene Frist für die Stellung von Beweisanträgen statuiert wird, nach deren fruchtlosem Ablauf die Anträge zurückgewiesen werden können, sofern die Verspätung nicht nachweislich unverschuldet war. Die unter Nr. 1 angeregte Ergänzung des § 246 Abs. 1 StPO bleibt davon unberührt.

4. Der gesetzliche Richter

Das geltende Recht stellt an die ordnungsgemäße Besetzung von Spruchkörpern und an die Geschäftsverteilung der Gerichte hohe formelle Anforderungen: Insoweit sind Modifikationen zu erwägen, die einem effizienten Personaleinsatz und zugleich der Verfahrensbeschleunigung dienen. Durch den Eingang von Umfangsverfahren oder den vermehrten Eingang von Haftsachen treten immer wieder Situationen ein, die dazu führen, dass mit dem vorhandenen Bestand an Strafkammern die Verfahren nicht mehr in angemessener Zeit bewältigt werden können. Präsidien reagieren daher häufig mit der Bildung von Hilfsstrafkammern oder der Ableitung von Verfahren. Diese sind mitunter eine Quelle von Besetzungsrügen und Urteilsaufhebungen.

a) Vorabentscheidung über Besetzungsrügen

Es erscheint sinnvoll, wenn bei einer erhobenen Besetzungsrüge über diese Rüge vorab - und nicht erst mit der Revision - verbindlich und endgültig entschieden würde. Mehrmonatige Hauptverhandlungen unter dem Damoklesschwert einer Aufhebung wegen möglicherweise fehlerhafter Besetzung würden dadurch vermieden. Welcher Spruchkörper (Strafsenat beim BGH oder Oberlandesgericht) in welcher Zeit und auf welcher Entscheidungsgrundlage (nach revisionsrechtlichen oder beschwerderechtlichen Maßstäben) über die Besetzungsrüge abschließend entscheiden soll, soll hier zunächst offen und dem weiteren Gesetzgebungsprozess überlassen bleiben.

b) Besondere Strafkammern

Nach geltendem Recht sind der Zuweisung anderer richterlicher Geschäfte an besondere Strafkammern (Schwurgerichts- und Wirtschaftsstrafkammern) im laufenden Geschäftsjahr enge Grenzen gesetzt. Das erschwert die Möglichkeit, zeitnah für einen angemessenen Belastungsausgleich zu sorgen. Das geltende System führt dazu, dass Nichthaftsachen nicht gefördert werden. Dem könnte durch eine entsprechende Ergänzung von § 74 Abs. 2 und § 74 c Abs. 1 GVG abgeholfen werden. Hilfreich wäre es auch, wenn durch eine gesetzliche Regelung klargestellt werden könnte, dass Kammern nur für die Erledigung von Nichthaftsachen eingerichtet werden können. Damit soll erreicht werden, dass bei einem unerwartet hohen Eingang von Haftsachen in diese Kammern keine Haft-Verfahren abgeleitet werden können, also ggf. Hilfsstrafkammern eingerichtet werden müssen. Nur auf diese Weise kann sichergestellt werden, dass bei unerwartet vielen Haftsachen auch die Nichthaftsachen in angemessener Zeit erledigt werden.

c) Gerichtsbesetzung

Die in § 222 a Abs. 2 StPO vorgesehene Frist zur Besetzungsmitteilung lässt sich in der Praxis häufig nicht einhalten, was zu Anträgen auf Unterbrechung der Hauptverhandlung führen kann. Da die Aussetzung der Hauptverhandlung wegen vorschriftswidriger Besetzung selten ist, erscheint die Vorschrift entbehrlich. § 222 b Abs. 2 StPO müsste entsprechend angepasst werden.

d) Altersgrenze

Bisweilen stellt sich bei langdauernden Strafverfahren das Problem, dass ein Mitglied der Strafkammer demnächst die Altersgrenze erreicht. Dem könnte durch eine Öffnung von § 4 Abs. 2 DRiG Rechnung getragen werden, wonach der erkennende Richter auf seinen Antrag berechtigt ist, die Amtsgeschäfte für die Dauer dieses Verfahrens fortzuführen.

Die Gesetzgebungsvorschläge waren dem BMJV zuvor mit Schreiben vom 07.10.2015 übersandt worden, verbunden mit einer Einladung an den Bundesminister der Justiz und für Verbraucherschutz zum bundesweiten Strafkammertag (s.u.). In seiner Antwort versprach der Bundesjustizminister, die Vorschläge der Oberlandesgerichte in die Prüfungen und Überlegungen in seinem Haus zu dem anstehenden Gesetzgebungsvorhaben mit einzubeziehen.

1.3 Gesetzgebungsvorschläge 2016 - 1. Bundesweiter Strafkammertag

Die im Jahr 2015 eingesetzte Arbeitsgruppe der OLG-Präsidentenkonferenz hatte sich - auch vor dem Hintergrund, dass in der Expertenkommission des BMJV nur ein Amtsrichter, ein Landrichter und ein Richter am Oberlandesgericht vertreten waren[26], entschlossen, der richterlichen Praxis im Reformprozess deutlicheres Gehör zu verschaffen. Sie hat dazu einen bundesweiten Strafkammertag einberufen, an dem aus jedem Oberlandesgerichtsbezirk 3 Strafkammer- oder Staatsschutzsenatsvorsitzende teilnehmen sollten. Aus dem BMJV hat Staatssekretärin Dr. Hubig die Reformüberlegungen des BMJV zum Strafverfahrensrecht vorgestellt.

---

26 Pressemitteilung des BMJV v. 07.07.2014.

1.3.1 Bundesweiter Strafkammertag am 16.02.2016 in Hannover

Dieser Bundesweite Strafkammertag fand am 16.02.2016 in Hannover statt. Teilgenommen haben rund 70 erfahrene Strafkammer- und Strafsenatsvorsitzende aus dem gesamten Bundesgebiet. In 5 Arbeitsgruppen wurde diskutiert, wie der Strafprozess reformiert und praxistauglicher gestaltet werden kann. Dabei nahmen die mittlerweile in Form eines Referentenentwurfs aus dem BMJV vorliegenden Gesetzgebungsvorschläge[27] einen breiten Raum ein. Im abschließenden Plenum wurde sodann über die Thesen aus den einzelnen Arbeitsgruppen abgestimmt.

Konkret handelte es sich um folgende Thesen und Abstimmungsergebnisse:

Kategorien für die Abstimmungsergebnisse
A: ohne Gegenstimme angenommen
B: mit wenigen Gegenstimmen angenommen
C: mit deutlicher Mehrheit angenommen
D: mit knapper Mehrheit angenommen
E: mehrheitlich abgelehnt

Arbeitsgruppe 1 - Zu den Vorschlägen der Expertenkommission des BMJV

These 1:
Die vorgeschlagene Änderung des Rechts der Befangenheitsanträge (§§ 26 Abs. 1 Satz 2, 26 a, 29 Abs. 1, 2 StPO-E) wird als Schritt in die richtige Richtung befürwortet.

Abstimmungsergebnis A

These 2:
Die regelmäßige audiovisuelle Aufzeichnung von Beschuldigten- und Zeugenvernehmungen im Ermittlungsverfahren (§ 58 a StPO-E) wird abgelehnt.
Die bisherige Fassung von § 58 a StPO reicht aus.

Abstimmungsergebnis B (1 Gegenstimme)

27 Mittlerweile als Gesetzentwurf eingebracht, BR-Drs. 796/16, und vom Bundestag als „Gesetz zur effektiveren und praxistauglicheren Ausgestaltung des Strafverfahrens" in seiner Sitzung vom 22.06.2017 beschlossen, BR-Drs. 527/17.

These 3:
Die audiovisuelle Dokumentation der Hauptverhandlung wird abgelehnt.

Abstimmungsergebnis A

These 4:
Die Schaffung einer „Soll-Vorschrift" zur Durchführung eines gerichtlichen Erörterungstermins zur Vorbereitung der Hauptverhandlung (§ 213 StPO-E) wird abgelehnt. Es besteht kein Regelungsbedarf.

Abstimmungsergebnis B (1 Gegenstimme)

These 5:
Die Einführung einer Eröffnungserklärung der Verteidigung wird abgelehnt.

Abstimmungsergebnis A

These 6:
Die Einführung der Möglichkeit zur Fristsetzung für Beweisanträge, die nach Abschluss der von Amts wegen vorgesehenen Beweisaufnahme gestellt werden (§ 244 Abs. 5 Satz 1 StPO-E), wird befürwortet.

Abstimmungsergebnis A

Arbeitsgruppe 2 - Vorschläge zu Wirtschaftsstrafverfahren

These 1:
Erweiterte Verlesbarkeit von Zeugenfragebögen in gleichgelagerten Masseverfahren und von Vernehmungsprotokollen bei geständigen Angeklagten (Verkürzung der HV)

Abstimmungsergebnis A

These 2:
Konzentration der Wirtschaftsstrafkammerstandorte in den Ländern und länderübergreifend (Professionalisierung in Fachgebieten, Verkürzung der Verfahrensdauer, Erhöhung von Erledigungszahlen, Verhandeln auf Augenhöhe)

Abstimmungsergebnis B

These 3:
Keine Vergeudung von Richterarbeitszeit - Fachkräftepool an Konzentrationsstandorten (Sachbearbeiter, Wirtschaftsreferent, Steuerberater, Wirtschaftsprüfer)

Abstimmungsergebnis B

Arbeitsgruppe 3 - Vorschläge zum Prinzip des gesetzlichen Richters

These 1:
Das Damoklesschwert der Urteilsaufhebung wegen falscher Gerichtsbesetzung durch bindende Vorabentscheidung über Besetzungsrügen im Wege der nach Besetzungsmitteilung zu erhebenden und zu begründenden sofortigen Beschwerde, die keine aufschiebende Wirkung hat, entschärfen!

Abstimmungsergebnis B

These 2:
Rückkehr zur Überprüfung der Rechtmäßigkeit von Beschlüssen des Präsidiums nur am Willkürmaßstab (BGH-Rspr. bis 2009); ebenso Überprüfung der Besetzung der Richterbank mit Schöffen nur am Willkürmaßstab!

Abstimmungsergebnis B

These 3:
Strafabschläge wegen überlanger Verfahrensdauer durch flexiblere Möglichkeiten der Geschäftsverteilung vermeiden - im Einklang mit dem Grundrecht auf den gesetzlichen Richter:
a) statt Jährlichkeitsprinzip Halbjahresprinzip;
b) Auflockerung des Konzentrationsgrundsatzes für Spezialkammern!

Abstimmungsergebnis a): C; b) D

Arbeitsgruppe 4 - Vorschläge zum Thema „Verfahrensleitung versus Verteidigerrechte („contempt of court")?"

These 1:
Möglichkeit zur Setzung einer angemessenen Frist im Zwischenverfahren mit Präklusionsfolge
Das Gericht kann dem verteidigten Angeschuldigten im Zwischenverfahren eine angemessene Frist setzen, innerhalb derer er Einwendungen geltend zu machen hat gegen

- *die Wirksamkeit der Anklageerhebung,*
- *unzureichend gewährte Einsicht in Akten und Beweismittel durch Staatsanwaltschaft und Gericht,*
- *unvollständig durch die Staatsanwaltschaft übermittelte Akten,*
- *die Verletzung von Beschuldigtenrechten im Ermittlungsverfahren und*
- *die Erhebung und Verwertung von Sach- und Personalbeweisen.*

Die spätere Geltendmachung solcher Einwendungen in der Hauptverhandlung ist ausgeschlossen, wenn nicht besondere Umstände vorliegen.
Die darüber hinaus gehende Einführung eines Eingangsstatements der Verteidigung in der Hauptverhandlung ist deswegen entbehrlich.

Abstimmungsergebnis C

These 2:
Regelung zu „contempt of court“
Das GVG und die StPO wird um Regelungen zur Ungebühr von Verteidigern (oder an der Verhandlung sonst beteiligten Rechtsanwälten) ergänzt.
Als Sanktion wird die Verhängung von Ordnungsgeld vorgesehen, in besonders gravierenden Fällen auch die Entpflichtung des Pflichtverteidigers bzw. der Ausschluss des Wahlverteidigers.
Hierüber muss nicht während der Sitzung entschieden werden, sondern die Sanktion kann während der Sitzung vorbehalten und nach der Sitzung verhängt werden.
Ein Befangenheitsantrag, der sich auf die Anwendung dieser Befugnisse stützt, kann als unzulässig verworfen werden.

Abstimmungsergebnis C

These 3:
Abbau von Fehlanreizen in der Verteidigervergütung
In umfangreichen Verfahren wird die Verteidigervergütung für die Hauptverhandlung gestaffelt: Für die ersten zehn Verhandlungstage werden die Gebühren gegenüber den bisherigen Sätzen erhöht. Ab dem elften Verhandlungstag reduziert sich die Höhe der Vergütung, da der Verteidigeraufwand bei längerer Dauer der Verhandlung abnimmt.

Abstimmungsergebnis B

Arbeitsgruppe 5 - Vorschläge zu Befangenheit, Beweisanträgen und Besetzungsrügen

These 1:
Behandlung von Befangenheitsanträgen außerhalb der Hauptverhandlung. Fortsetzung der Verhandlung bis zur Entscheidung über das Befangenheitsgesuch, spätestens binnen 3 Wochen.

Abstimmungsergebnis A

These 2:
Behandlung verfristeter Beweisanträge nur noch unter Aufklärungsgesichtspunkten (§ 244 Abs. 2 StPO)

Abstimmungsergebnis A

These 3:
Vorverlagerung der Entscheidung über Besetzungsrügen vor die Hauptverhandlung
Präklusion 2 Wochen nach Zugang der Besetzungsmitteilung

Abstimmungsergebnis A

Der bundesweite Strafkammertag fand ein großes Presseecho. Berichtet wurde auch in der überregionalen Presse und der Deutschen Richterzeitung.[28] Die Dokumentation des Strafkammertages einschließlich der Abstimmungsergebnisse und der Protokolle aus den einzelnen Arbeitsgruppen ist dem BMJV übersandt worden.

1.3.2 68. Jahrestagung im Mai 2016 im Saarland

Auf der 68. Jahrestagung der Konferenz der Präsidentinnen und Präsidenten der Oberlandesgerichte, des Kammergerichts und des Bundesgerichtshofs vom 23. bis 25.05.2016 im Saarland hat die Arbeitsgruppe „Zukunft des Strafprozesses“ ihre Ergebnisse vorgestellt. In einem einstimmigen Beschluss hat die Konferenz die Arbeit des ersten bundesweiten Strafkammertages begrüßt. Die Konferenz hat sich insbesondere folgende Vorschläge zu eigen gemacht:

---

28 Rebehn/Kaufmann, DRiZ 2016, 88 ff; FAZ vom 18.02.2016.

- Konzentration der Wirtschaftsstrafkammerstandorte in den Ländern und gegebenenfalls länderübergreifend sowie die damit verbundene Bildung von Fachkräftepools,
- Änderung des Rechts der Befangenheitsanträge,
- Änderungen im Beweisantragsrecht, insbesondere Behandlung verfristeter Beweisanträge nur noch unter Aufklärungsgesichtspunkten, Einführung der Möglichkeit zur Fristsetzung für Beweisanträge, die nach Abschluss der von Amts wegen vorgesehenen Beweisaufnahme gestellt werden,
- bindende Vorabentscheidung über Besetzungsrügen,
- Abbau von Fehlanreizen in der Verteidigervergütung.

Ferner wurde verabredet, im Jahr 2017 einen zweiten bundesweiten Strafkammertag in Würzburg zu veranstalten.[29]

2. Schlussfolgerungen auf Verwaltungsebene

Im Folgenden sollen die Schlussfolgerungen dargestellt werden, die auf Verwaltungsebene aus der Strafkammerdatenerhebung gezogen worden sind. Dies kann naturgemäß hier nur für den Bezirk des Oberlandesgerichts Celle genauer beschrieben werden. Auch von den anderen beteiligten Oberlandesgerichten sind jedoch ähnliche Konsequenzen und Schlussfolgerungen mitgeteilt worden.

2.1 Tauglichkeit der herkömmlichen Personalbedarfsberechnung (PEBB§Y)

In § 21 e Abs. 1 Satz 1 GVG heißt es: „Das Präsidium bestimmt die Besetzung der Spruchkörper….und verteilt die Geschäfte.“

Besetzt und verteilt werden können aber nur Richterinnen und Richter, mit denen das Gericht ausgestattet ist.

Die Anzahl der Richterarbeitskräfte (Richter-AKA), die einem Gericht von der übergeordneten Justizverwaltung (also dem jeweiligen Oberlandesgericht, letztlich aber dem jeweiligen Justizministerium) zugewiesen sind, richtet sich grundsätzlich nach dem in allen Justizverwaltungen aner-

29 Pressemitteilung des Saarländischen Oberlandesgerichts vom 25.05.2016.

kannten Personalbedarfsberechnungssystem PEBB§Y, das von einer durchschnittlichen Minutenzahl für die Erledigung einer Rechtssache bei einer gegebenen Minutenjahresarbeitszeit der einzelnen Richter ausgeht. Die durchschnittlichen Minutenzahlen für die Erledigung einer Sache sind von ausgewählten Gerichten im Wege einer Handaufschreibung ermittelt worden, zuletzt im Jahr 2014.

Wie bereits ausgeführt (s.o., 1. Teil, 1.1), hatte sich bereits vor Beginn der Datenerhebung vielerorts in den Gerichtsverwaltungen die Erkenntnis durchgesetzt, dass eine Personalbedarfsberechnung nach PEBB§Y offensichtlich keine ausreichenden Anhaltspunkte für die tatsächliche Belastung der Strafkammern liefert. Zu dieser Erkenntnis hatte ich bereits aus dem Endgutachten „PEBB§Y 1" zitiert (s.o. Fußnote 1), das 2002 vom Justizministerium Baden-Württemberg herausgegeben wurde. Dort heißt es (Seiten 114, 115): „Im Strafbereich (der Landgerichte) bietet sich ein differenziertes Bild: Für den Großteil der Geschäfte ... lassen sich valide Bewertungszahlen ableiten. In vier Geschäften (Wirtschaftsstrafsachen, Schwurgerichtssachen, Jugendsachen und Strafvollstreckungskammersachen) ist die Anzahl der in die Erhebung eingeflossenen Verfahren so gering, dass nicht mit hinreichender Sicherheit ein Pensum zu ermitteln ist. ... (In diesen Sachen) empfiehlt Andersen daher die Bemessung des Personaleinsatzes nach tatsächlichem Einsatz ... Bei den zu beobachtenden Schwankungen und Unterschieden pro Verfahren können diese zu wesentlichen Abweichungen von einem auch statistisch validen Durchschnitt der Bearbeitungszeiten führen ...".

Zwar haben sich durch die PEBB§Y-Nacherhebung 2014 gerade für die Strafkammern der Landgerichte erheblich höhere Minutenzahlen ergeben als bei der ersten Erhebung. Für die Verfahren vor den allgemeinen großen Strafkammern war nach dem Gutachten PEBB§Y 1 eine Basiszahl von 4600 Minuten zugrunde gelegt worden, nach dem Gutachten zur PEBB§Y-Fortschreibung im Jahr 2014 gilt eine Basiszahl von 6049 Minuten.[30]

---

30 Gutachten PEBB§Y-Fortschreibung 2014, pwc, S. 138, veröffentlicht auf der Webseite des Deutschen Richterbundes unter „Positionen". Für Großverfahren gab es sowohl nach PEBB§Y 1 als auch nach der PEBB§Y-Fortschreibung 2014 - jedenfalls in Niedersachsen - eine Sonderregelung, wonach der tatsächliche Arbeitsaufwand erfasst wird. Dies gilt aber erst dann, wenn der tatsächliche Bearbeitungsaufwand über das 3-fache bzw. das 5-fache der Basiszahl hinausgeht.

Die Strafkammerdatenerhebung lässt aber den Schluss zu, dass die von Andersen im Endgutachten zu PEBB§Y 1 ausgesprochene Empfehlung nicht nur für die Wirtschaftsstrafkammern, Jugend- und Schwurgerichtskammern gelten sollte, sondern - insbesondere bei den kleinen Landgerichten - auch für die allgemeinen Strafkammern. Auch dort sind die Schwankungen und Unterschiede pro Verfahren so groß, dass sie zu wesentlichen Abweichungen von einem statistisch validen Durchschnitt führen. Im Gutachten zur PEBB§Y-Fortschreibung 2014 heißt es jedoch stattdessen, dass nunmehr im Vergleich zu den Vorgängererhebungen auch in den „Produkten“ Wirtschaftsstrafverfahren, Schwurgerichtssachen, Jugendsachen und Strafvollstreckungskammersachen die geforderte und als ausreichend angesehene Verfahrenszahl von mindestens 100 Verfahren erreicht werden konnte.[31] Dies reicht aber nicht aus, um den Personalbedarf zu ermitteln:

Als wichtigstes Ergebnis der Strafkammerdatenerhebung lässt sich nämlich festhalten, dass zwischen den einzelnen Landgerichten große Unterschiede bestehen, etwa beim Schwierigkeitsgrad oder beim Anteil der verhandelten Sachen im Verhältnis zum Anteil derjenigen Sachen, die ohne Hauptverhandlung beendet werden können. Dabei ist auf Ebene der Oberlandesgerichte eine Auswertung der Datenerhebung bezogen auf die Unterschiede zwischen den einzelnen Landgerichten erfolgt, da das Augenmerk der Oberlandesgerichte auf der Personalausstattung der einzelnen Landgerichte lag. Denkbar wäre natürlich auch eine Auswertung auf Landgerichtsebene zwischen den einzelnen Strafkammern. Es ist offensichtlich, dass eine Personalbedarfsberechnung, die sich nur an der Anzahl der eingegangenen Verfahren orientiert, die tatsächliche Arbeitsbelastung nicht berücksichtigt, die sich nach der Schwierigkeit der Verfahren richtet. Statistische Ausgleichseffekte treten erst dann ein, wenn eine gewisse Anzahl an Verfahren erledigt wird, worauf bereits Andersen hingewiesen hat.

Der herkömmlichen Personalberechnung nach PEBB§Y liegt eine Mischkalkulation zugrunde. Die Datenerhebung hat gezeigt, dass von dem der Mischkalkulation zugrunde liegenden Durchschnittswert bei einzelnen Gerichten große Abweichungen bestehen. Diese Abweichungen werden nicht dadurch geringer, dass bei der Berechnung des Durchschnittswertes mehr Verfahren zugrunde gelegt worden sind, wie jetzt durch die PEBB§Y-Fortschreibung 2014. PEBB§Y allein reicht daher zur Steuerung

31 Gutachten, pwc, a.a.O., S. 139.

des Personaleinsatzes bei den großen Strafkammern insbesondere bei den kleinen Landgerichten daher nicht aus. Vielmehr ist in hohem Maße eine Feinsteuerung erforderlich, mit der den regionalen Besonderheiten Rechnung getragen wird.

Dementsprechend heißt es auf der Webseite des Niedersächsischen Justizministeriums auch etwa, dass der Zweck von PEBB§Y nicht in der behördeninternen Geschäftsverteilung liegt: „Die Ergebnisse der Personalbedarfsberechnung nach PEBB§Y können daher nicht die Verpflichtung der Präsidien und Behördenleitungen ersetzen, alle Geschäfte nach pflichtgemäßem Ermessen und unter Berücksichtigung der Leistungsfähigkeit der einzelnen Personen zu verteilen."[32]

Auf der Ebene der Oberlandesgerichte kann diese Feinsteuerung dadurch geschehen, dass den betroffenen Gerichten unabhängig von PEBB§Y wegen der regionalen Besonderheiten gesondertes Personal zugewiesen wird. So sind im Bezirk des Oberlandesgerichts Celle dem Gericht, das auf Platz 1 bei den Schwierigkeitsgraden über alle Erhebungsjahre lag, im Wege einer Zielvereinbarung zusätzliche Richterarbeitskräfte zugewiesen worden.

Kann dies nicht geschehen - etwa weil auch auf Oberlandesgerichtsebene zu wenig Richterpersonal zur Verfügung steht oder auch bei anderen Gerichten (andere) Defizite ausgeglichen werden müssen -, ist das Präsidium des betreffenden Gerichts gefragt, bei der Verteilung der Richter die Besonderheiten in den großen Strafkammern zu berücksichtigen. Zwar ist auf ministerieller Ebene anerkannt, dass die lokalen Geschäfte nicht allein nach PEBB§Y verteilt werden können (s.o.), allerdings wird PEBB§Y auf ministerieller Ebene dafür benutzt, den Personalbedarf auf Oberlandesgerichtsebene und auch auf Landgerichtsebene zu errechnen.[33] Der damit verbundene Widerspruch wird vom Ministerium nicht aufgelöst und kann nur bedeuten, dass einige Bereiche dann mit weniger Personal auskommen müssen, als ihnen nach PEBB§Y zusteht, weil die Defizite mit Personal aus diesen Bereichen ausgeglichen werden müssen.

In den Präsidien herrscht jedoch häufig Unverständnis dafür, dass für die großen Strafkammern eine Verteilung der Geschäfte nach PEBB§Y nicht auskömmlich sein soll, wohl nicht zuletzt deshalb, weil in den Präsidien zumeist Zivilrichterinnen und Zivilrichter in der Mehrheit sind.

---

32 http://www.mj.niedersachsen.de/themen/personal, Stand: 03.06.2017.

33 http://www.mj.niedersachsen.de/themen/personal, Stand: 03.06.2017 „Richtschnur", „angemessene Personalverteilung auf Bezirksebene ermöglichen".

Auf Landgerichtsebene ist daher eine regelmäßige Kommunikation zwischen den Strafkammern und den Präsidien von enormer Wichtigkeit. Um Verständnis für die Situation der großen Strafkammern bei den häufig mehrheitlich mit Zivilrichtern besetzten Präsidien der Landgerichte zu wecken, ist im Oberlandesgerichtsbezirk Celle daher ein „Tag der Präsidien" organisiert worden, der am 10.07.2014 stattgefunden hat.

2.2 Tag der Präsidien am 10.07.2014 in Celle

Am Tag der Präsidien haben 32 Präsidiumsmitglieder aus allen Landgerichtsbezirken des Oberlandesgerichtsbezirks Celle teilgenommen, darunter die jeweiligen Präsidenten bzw. Vizepräsidenten. Als Gäste haben auch der Präsident des Amtsgerichts Hannover sowie eine Vertreterin oder ein Vertreter des Niedersächsischen Justizministeriums, der anderen beiden niedersächsischen Oberlandesgerichtsbezirke und der Generalstaatsanwaltschaft Celle teilgenommen. Der Tag begann mit einem Vortrag des damals stellvertretenden Vorsitzenden des Deutschen Richterbundes Gnisa zum Thema „Das Präsidiumsmitglied: Interessenvertreter oder Justizgewährungsorgan". Sodann stellte der Präsident des Oberlandesgerichts Celle Dr. Götz von Olenhusen die Erkenntnisse aus der Strafkammerdatenerhebung vor, damals basierend auf den Daten von 2009 bis 2013. Es folgte ein Vortrag der Autorin zum Thema „Der Drahtseilakt zwischen Beschleunigungsgebot und gesetzlichem Richter - oder: Änderungen im laufenden Geschäftsjahr unter Berücksichtigung der aktuellen Rechtsprechung". Dieser Vortrag ist in einer aktualisierten Fassung im Anhang abgedruckt.

Im Anschluss fanden drei Arbeitsgruppen statt, deren Ergebnisse zum Ende der Veranstaltung vorgestellt wurden.[34] Die Vorträge sowie die Arbeitsgruppenergebnisse wurden anschließend in einer Dokumentation zusammengefasst, um sie auch den Präsidiumsmitgliedern zur Verfügung stellen zu können, die an der Veranstaltung nicht teilnehmen konnten.

34 Themen der Arbeitsgruppen waren: 1. Ab wann ist eine Strafkammer überlastet? - oder: Was geht noch, was geht nicht mehr? 2. Gibt es eine „Corporate Identity"? - oder: Wie kann gegenseitiges Verständnis bei den Straf- und Zivilkammern geweckt werden? 3. Erfahrungsaustausch zu Lösungsmöglichkeiten - oder: Wo hat sich welche Verfahrensweise bewährt?

Die Veranstaltung wurde von den Teilnehmerinnen und Teilnehmern als gewinnbringend gewertet und soll in absehbarer Zeit wiederholt werden.

3. Eigene Schlussfolgerungen

Aus Sicht der Autorin sollen zunächst zwei zentrale Schlussfolgerungen aus der Datenerhebung hier herausgestellt werden, nämlich:

a) Die Lage der Wirtschaftsstrafkammern ist besorgniserregend.
b) Die großen Unterschiede zwischen den einzelnen Landgerichten erfordern einen flexiblen Personaleinsatz und ein hohes Maß an Feinsteuerung.

Sodann sollen Gesetzgebungsvorschläge dargestellt werden, die sich aus Sicht der Autorin nach den Erkenntnissen aus der Datenerhebung als besonders sinnvoll erweisen könnten.

Die im mittlerweile verabschiedeten „Gesetz zur effektiveren und praxistauglicheren Ausgestaltung des Strafverfahrens“ enthaltenen Gesetzesänderungen[35] enthalten zwar jedenfalls teilweise Schritte in die richtige Richtung. Sie gehen aber nicht weit genug, um nachhaltige Verbesserungen zu erreichen. Welche weiteren Schritte dies sein könnten, soll kurz dargestellt werden.

Aber zunächst zu den unmittelbaren Schlussfolgerungen aus der Datenerhebung:

3.1 Die Lage der Wirtschaftsstrafkammern ist besorgniserregend

Die Datenerhebung hat gezeigt, dass in den Wirtschaftsstrafverfahren in hohem Maße Vollstreckungsabschläge wegen rechtsstaatswidriger Verfahrensverzögerung zugesprochen werden (vgl. oben **Fakt 8**). Eine Quote von einem Viertel bis einem Drittel aller Nichthaftverfahren, in denen ein Vollstreckungsabschlag ausgesprochen wird, ist in hohem Maße besorgniserregend. Dieser Wert korrespondiert mit dem Umstand, dass die Nichthaftsachen in den Wirtschaftsstrafverfahren im Schnitt doppelt so lange dauern wie die Strafsachen vor den allgemeinen großen Strafkammern, nämlich über 600 Tage (vgl. oben **Fakt 6**). Die Forderungen des ersten

---

35 BR-Drs. 796/16 sowie BR-Drs. 527/17; BGBl I 2017,S. 3202.

bundesweiten Strafkammertages zu den Wirtschaftsstrafverfahren sollten daher unbedingt ernst genommen werden. Zu ergänzen wären sicherlich Forderungen nach mehr Ausbildung und Fortbildung gerade im Bereich der Wirtschaftsstrafverfahren.

3.2 Die großen Unterschiede zwischen den Landgerichten erfordern einen flexiblen Personaleinsatz und ein hohes Maß an Feinsteuerung

Wie oben bereits dargestellt, lässt sich mit dem herkömmlichen Personalbedarfsberechnungssystem PEBB§Y die Personalausstattung der großen Strafkammern bei den Landgerichten nicht berechnen. Vielmehr ist in einem hohen Maße die Situation jeweils vor Ort zu berücksichtigen. Die Grundlage für die Personalausstattung nach PEBB§Y ist die Anzahl der eingehenden Verfahren. Diese Anzahl sagt jedoch nichts aus über die Schwierigkeit und den Umfang der Verfahren. Mit der Datenerhebung konnten wir nachweisen, dass es an einzelnen Gerichten einen direkten Zusammenhang zwischen der Schwierigkeit der Verfahren und ihrer Laufzeit gibt (s.o. **Fakt 11**). Es ist unmittelbar einleuchtend, dass ein Verfahren, das sich ohne Hauptverhandlung erledigen lässt, regelmäßig erheblich weniger Aufwand verursacht, als ein Verfahren, das mit Hauptverhandlung abgeschlossen werden muss.[36] Wenn aber die Quote an Verfahren, die ohne Hauptverhandlung erledigt werden können, so unterschiedlich ist, wie wir in der Datenerhebung gezeigt haben (s. o. **Fakt 9**), dann müssen daraus beim Personaleinsatz Konsequenzen folgen. Gleiches gilt im Hinblick darauf, dass die Anzahl „dünner“ und „dicker“ Verfahren bei den verschiedenen Landgerichten so unterschiedlich ist (s.o. **Fakt 13**) und im Hinblick darauf, dass - eben offenbar wegen der Schwierigkeit der Verfahren - bei manchen Gerichten kaum noch in Zweierbesetzung verhandelt wird (s.o. **Fakt 12**). Im Übrigen wirkt sich ein hoher Anteil schwieriger Verfahren in den großen Strafkammern beim Landgericht natürlich auch auf die Belastung der Amtsgerichte - und dann folgend die Belastung der kleinen Strafkammern - aus.

---

36 Natürlich gibt es Ausnahmen: etwa das Verfahren, das nach einer intensiven Prüfung des umfangreichen Aktenmaterials mit einer aufwändigen Nichteröffnungsentscheidung beendet wird, im Vergleich zu einem Verfahren, in dem ein geständiger, drogenabhängiger Tankstellenräuber zu einer Freiheitsstrafe nebst Unterbringung in einer Entziehungsanstalt verurteilt wird.

Stellt sich die Situation bei einem Landgericht erst einmal so dar, dass die großen Strafkammern die Nichthaftsachen kaum noch erledigen können, weil sie mit der Bearbeitung der Haftsachen ausgelastet sind, also die Nichthaftsachen lange liegen bleiben und auch die Haftsachen - bestenfalls - erst kurz vor der 6-Monats-Frist des § 121 StPO begonnen werden können, dann wird die Staatsanwaltschaft in der Folgezeit vermehrt dazu übergehen, Strafsachen, bei denen dies irgendwie vertretbar erscheint, bei den Amtsgerichten anzuklagen, weil die Sachen dann schneller erledigt werden. Dies führt dazu, dass auch die Amtsgerichte mit Strafsachen belastet werden, die an sich vor die Landgericht gehören würden und für deren Bewältigung ihrerseits die durchschnittliche Minutenzahl nach PEBB§Y für eine amtsgerichtliche Strafsache nicht ansatzweise ausreicht. Die Gerichtsverwaltung ist also gut beraten, wenn bei einem Landgericht in den großen Strafkammern ein Verfahrensstau eingetreten ist, diesen dort schnellstmöglich wieder abzubauen, um die geschilderten Auswirkungen zu vermeiden. Dies ist natürlich schwierig, solange seitens der Ministerien der ordentlichen Gerichtsbarkeit insgesamt nur nach PEBB§Y Personal zugewiesen wird. Es sollte daher ein Personalpool für diese Sonderbedarfe vorgesehen werden.

Ein hohes Maß an Feinsteuerung erfordert aber nicht nur zielgerichtete Personalverstärkungen, sondern sollte auch möglichst kurzfristig erfolgen, sobald eine Überlastungssituation erkannt ist. Die Oberlandesgerichtspräsidenten haben daher schon 2010 Vorschläge für Gesetzesänderungen gemacht, um einen flexibleren Personaleinsatz und schnellere Reaktionen auf Belastungssituationen zu ermöglichen. Diese Vorschläge sind 2016 nochmals aufgegriffen worden. Auch der Strafkammertag hat zum Prinzip des gesetzlichen Richters konkrete Vorschläge gemacht. Welche rechtlichen Hürden derzeit bei Änderungen der Geschäftsverteilung im laufenden Geschäftsjahr bestehen, werden im Anhang ausführlich dargestellt. Auch diese Vorschläge sollten daher unbedingt aufgegriffen werden.

3.3 Gesetzgeberische Maßnahmen

Während im Bereich der Wirtschaftsstrafverfahren die von der Praxis gewünschten und auch aus meiner Sicht erforderlichen Maßnahmen in erster Linie gerichtsorganisatorischer Art und teilweise auch mit erheblichem finanziellen Aufwand verbunden sind, lassen sich im Bereich des flexibleren Personaleinsatzes gesetzgeberische Maßnahmen denken, mit denen -

auch ohne finanziellen Aufwand - die Situation verbessert und damit insbesondere Verfahrensdauern verkürzt werden könnten. Interessanterweise enthält das gesamte „Gesetz zur effektiveren und praxistauglicheren Ausgestaltung des Strafverfahrens“ keine Regelungsvorschläge auf diesem Gebiet. Das Gesetz konzentriert sich nahezu ausschließlich auf die Verfahrensregelungen in der StPO.[37] Im Folgenden soll daher zunächst auf die Gesetzgebungsvorschläge zum gesetzlichen Richter eingegangen werden, um sodann die aus meiner Sicht sinnvollen Gesetzgebungsvorschläge zur StPO darzustellen.

3.3.1 Zum gesetzlichen Richter

Gesetzgebungsvorschläge zum gesetzlichen Richter sind oben als Forderungen der OLG-Präsidentinnen und Präsidenten und des Strafkammertages bereits dargestellt worden. Aus meiner Sicht erscheint insbesondere die erleichterte Bildung von Hilfsstrafkammern sinnvoll, um auf Überlastungssituationen einfacher und schneller reagieren zu können. Auch im Hinblick auf die strengen Vorgaben des Bundesverfassungsgerichts erscheint es ferner durchaus umsetzbar, dass der Gesetzgeber festlegt, dass bestimmte Kammern nur für die Erledigung von Nichthaftsachen zuständig sind. Damit könnte vermieden werden, dass in diese Kammer Haftsachen aus anderen - überlasteten - Kammern abgeleitet werden, so dass sichergestellt wäre, dass die in dieser Kammer anhängigen Nichthaftsachen auch erledigt werden. Für die mit Haftsachen überlastete Kammer müsste dann - nach entsprechendem Präsidiumsbeschluss - eine Hilfsstrafkammer die Bearbeitung von Haftsachen übernehmen.

Die Bildung von Hilfsstrafkammern könnte ferner erleichtert werden durch eine gesetzliche Definition der Überlastung nach § 21 e Abs. 3 Satz 1 GVG, etwa durch eine gesetzliche Fixierung der 3-Monats-Faustregel (oder 4 Monate ab Anklageeingang, s. unten die Ausführungen im Anhang).

Im Interesse effektiver Verfahrensgestaltung wäre es auch zu begrüßen - wie vom Strafkammertag in These 2 zum gesetzlichen Richter gefordert -, wenn gesetzlich festgeschrieben würde, dass - wie früher - die Rechtmä-

---

37 Mit einer Ausnahme zur Zuständigkeit der Strafvollstreckungskammern in Art. 2 des Entwurfs, BR-Drs. 796/16, Art. 4 des Gesetzesbeschlusses BR-Drs. 527/17.

ßigkeit von Beschlüssen des Präsidiums und auch die Besetzung der Richterbank mit Schöffen nur am Willkürmaßstab überprüft würde. Den strengeren Maßstab der vollen Rechtmäßigkeitsprüfung leitet das Bundesverfassungsgericht jedoch unmittelbar aus der Verfassung ab.[38]

Historisch wird dieses strenge Verständnis zur Auslegung der Reichweite des Art. 101 Abs. 1 Satz 2 GG gerechtfertigt mit den Erfahrungen der deutschen Vergangenheit, die auch durch den Missbrauch der Justiz als Repressionsinstrument geprägt war.[39]

Vor diesem Hintergrund ist es nicht verwunderlich, dass in anderen Ländern aus dem Grundsatz des „gesetzlichen Richters“, obwohl er auch dort in den jeweiligen Verfassungen ausdrücklich abgesichert ist, weit weniger strenge Anforderungen an die formale Vorherbestimmtheit des zuständigen Richters abgeleitet werden.[40] Zu erwähnen sind hier insbesondere die Niederlande und die Schweiz. In diesen Ländern ist das Prinzip des gesetzlichen Richters - schlagwortartig verkürzt - als Garantie des gesetzlichen Gerichts verwirklicht.[41] Dort bestehen hinsichtlich der örtlichen und sachlichen Zuständigkeit des Gerichts mit dem deutschen System vergleichbare Regelungen, die Aufteilung der einzelnen Verfahren auf die verschiedenen Spruchkörper ist jedoch nicht nach einem abstrakt-generellen Verteilungsschlüssel geregelt. In der Schweiz und in den Niederlanden wurde - und zwar gerade in Kenntnis des von der deutschen Rechtsprechung und Lehre geforderten Standards - eine bewusste Entscheidung gegen eine strenge Handhabung des Prinzips der formellen Vorherbestimmung und der damit verbundenen Einschränkung der Flexibilität und Effektivität der internen Gerichtsorganisation getroffen.[42] Dogmatisch begründet wird dies etwa in der Schweiz mit dem durch gewachsene Tradition begründeten besonderen Vertrauen in die Legitimität von Entscheidungen und Maßnahmen der Justiz.[43]

Zwar mutet es vor dem Hintergrund des deutschen Rechtsverständnisses vom Prinzip des gesetzlichen Richters seltsam an, wenn der - wie in

38 BVerfG NJW 2005, 2689 Rn 22; NJW 2012, 2334, Rn 13, juris.

39 Eser, Der „gesetzliche Richter“ und seine Bestimmung für den Einzelfall, Festschrift für Salger, 247 (262); von Münch-Kunig, GG, Art. 101 Rn 2.

40 Schmidt-Bleibtreu/Klein-Müller-Terpitz, GG, Art. 101 Rn 3; von Münch-Kunig, GG, Art. 101 Rn 2.

41 Eser, a.a.O., S. 263.

42 Eser, a.a.O., S. 264.

43 Eser, a.a.O., S. 264.

der Schweiz - im Jahresturnus wechselnde Gerichtspräsident seinen Kollegen anhängige Verfahren nach pflichtgemäßem Ermessen ad personam zuweist und sich dabei an Kriterien wie Arbeitsbelastung, Vorbefassung, besonderen Kenntnissen und Erfahrungen und dergleichen orientiert, wobei die gerichtliche Nachprüfung dieser Ermessensentscheidung auf Missbrauchsfälle beschränkt bleibt.[44] Allerdings erscheint es vor dem Hintergrund, dass in anderen, durchaus als rechtsstaatlich anzusehenden Ländern eine solche Auslegung des Prinzips des gesetzlichen Richters allgemein akzeptiert ist, bedenkenswert, Präsidiumsentscheidungen, also Entscheidungen unabhängiger Richterinnen und Richter, nur einer Willkürprüfung zu unterziehen.

Dies gilt umso mehr, wenn alternativ zum Ziel einer effektiveren und praxistauglicheren Ausgestaltung des deutschen Strafverfahrens Einschränkungen von Verfahrensrechten ins Auge gefasst werden. Das etwa in der Schweiz konstatierte allgemeine Vertrauen der Bevölkerung in die dortige Justiz kann in der Bundesrepublik jedenfalls mittlerweile, also über 70 Jahre nach der Willkürherrschaft, wohl doch ebenfalls als grundsätzlich gegeben angenommen werden. Regelmäßig zu diesem Thema durchgeführte Studien belegen dieses Vertrauen jedenfalls.[45]

Auch den Grundsätzen der EMRK dürfte eine etwas gelockerte Auslegung des Prinzips des gesetzlichen Richters nicht widersprechen. In Art. 6 Abs. 1 Satz 1 EMRK heißt es, dass jede Person ein Recht darauf hat, dass über eine strafrechtliche Anklage von einem auf Gesetz beruhenden Gericht verhandelt wird. Mit diesem Grundsatz soll sichergestellt werden, dass die Justizorganisation nicht vom Ermessen der Exekutive abhängt, sondern durch Rechtsnormen bestimmt wird, die von den Parlamenten verabschiedet wurden.[46] Dabei betont der EGMR allerdings auch in ständiger Rechtsprechung, dass das Prinzip des gesetzlichen Richters sich nicht nur auf die gesetzliche Grundlage für die Existenz des Gerichts bezieht, sondern auch auf die Zusammensetzung des Spruchkörpers in jedem

---

44 Eser, a.a.O., S. 263.

45 Vgl. etwa Institut für Demoskopie Allensbach, „Großes Vertrauen in die deutsche Justiz", Dokumentation zum Beitrag von Prof. Renate Köcher in der FAZ vom 20.08.2014.

46 Meyer-Goßner-Schmitt, Art. 6 EMRK, Rn 11. EGMR Richert/Pl, U. v. 25.10.2011, Ziff. 42; EGMR Gurov/Moldawien, U. v. 11.07.2006, Ziff. 34; EGMR Fatullayev/ASE, U. v. 22.04.2010, Ziff. 144.

einzelnen Fall.[47] Diese Rechtsprechung dürfte einer gesetzlichen vorsichtigen Lockerung des Prinzips des gesetzlichen Richters jedenfalls dann nicht entgegen stehen, wenn gesetzlich vorgeschrieben wird, dass Überlastung vom Präsidium des Gerichts - und nicht von der Gerichtsverwaltung - festgestellt und deshalb eine Maßnahme zur Neuverteilung der Verfahren beschlossen wird.[48]

3.3.2 Im Bereich der Verfahrensregelungen

Seitens der gerichtlichen Praxis werden - wenn es um gesetzliche Neuregelungen zur Steigerung der Effektivität und Praxistauglichkeit des Strafverfahrens geht - immer wieder Forderungen zur Verfahrensvereinfachung insbesondere in drei Bereichen erhoben, auf die ich mich daher hier auch konzentrieren will. Diese Bereiche sind: Beweisanträge, Befangenheitsanträge und Besetzungsrügen.

Im Bereich des **Beweisantragsrechts** ist seit langem eine gesetzliche Normierung der vom BGH entwickelten Fristenlösung gefordert worden. Eine solche Fristenlösung ist im „Gesetz zur effektiveren und praxistauglicheren Ausgestaltung des Strafverfahrens“ in § 244 Abs. 6 StPO-neu auch enthalten.[49] Auf diese - sinnvolle - Forderung soll daher nicht weiter eingegangen werden. Festzuhalten ist lediglich, dass auch aus der gerichtlichen Praxis keine Ausweitung der Ablehnungsgründe von Beweisanträgen gefordert wurde, sondern lediglich die gesetzliche Absicherung der von der Rechtsprechung entwickelten Fristenlösung. Damit ist eine maßvolle, aber dennoch notwendige Einschränkung des Beweisantragsrechts verbunden, die der Bedeutung von Beweisanträgen für die Schwierigkeit und damit die Laufzeit von Strafverfahren gerecht wird (vgl. dazu oben **Fakt 18**).

---

47 EGMR Richert/Pl, U. v. 25.10.2011, Ziff. 43; EGMR Gurov/Moldawien, U. v. 11.07.2006, Ziff. 35; EGMR Fatullayev/ASE, U. v. 22.04.2010, Ziff. 144; EGMR Posokhov/R, U. v. 04.03.2003, Ziff. 39, vgl. auch Löwe-Rosenberg-Esser, StPO, 26. Aufl., 2012, Art. 6 EMRK Rn 139: „Wieweit die gesetzliche Rechtsgrundlage außer der Errichtung des Gerichts auch dessen Organisation, Arbeitsweise etc im Einzelfall abdecken muss, ist nur ansatzweise geklärt.“

48 Vgl. auch Schmidt-Bleibtreu/Klein-Müller-Terpitz, GG, Art. 101 Rn 3, der ausführt, dass durch die supra- und internationalen Verbürgungen lediglich Schutz gegen externe Eingriff, nicht hingegen gegen gerichtsinterne organisatorische Maßnahmen geboten wird.

49 BR-Drs. 796/16; 527/17.

Eine lediglich maßvolle Einschränkung des Beweisantragsrechts ist geboten, da das Beweisantragsrecht in der Masse aller Verfahren keine Rolle spielt im Hinblick auf Verfahrensverzögerungen. Eine solche Einschränkung ist jedoch dennoch notwendig, da es in einzelnen, und zwar für einzelne Gerichte durchaus zahlenmäßig nicht zu vernachlässigenden Fällen immer wieder zu verzögert gestellten Beweisanträgen kommt, die die Verfahren unnötig in die Länge ziehen.[50] Insoweit ist zwar lange rechtspolitischer Handlungsbedarf verneint worden, weil die Untersuchung von Dölling/Feltes gezeigt habe, dass der Vorwurf obstruktiver Verteidigung als Hauptursache für Verfahrensverzögerungen nicht zutreffe.[51] Die vorliegende Untersuchung zeigt jedoch, dass jedenfalls an einzelnen Gerichten das Beweisantragsrecht eine nicht zu vernachlässigende Rolle für die Verfahrensdauern spielt, da hier die langen Verfahrensdauern mit der vermehrten Stellung von Beweisanträgen korrespondieren.

Gleiches gilt für den Umgang mit **Befangenheitsanträgen**. Die vorliegende Untersuchung hat gezeigt, dass an einzelnen Gerichten in über 10 % der Haftsachen Befangenheitsanträge gestellt werden (s. oben **Fakt 14**). Dass bei den übrigen Gerichten nur in einer noch geringeren Anzahl von Verfahren Befangenheitsanträge gestellt werden, heißt im Übrigen nicht, dass deshalb kein Handlungsbedarf besteht. Regelmäßig ist das gesetzlich vorgeschriebene Prozedere bei Befangenheitsanträgen zeit- und personalaufwändig und führt insbesondere dann, wenn es zu Kettenablehnungen kommt, zu erheblichen Verfahrensverzögerungen.[52]

Es erscheint daher sinnvoll, das Prozedere im Umgang mit Befangenheitsanträgen deutlich zu vereinfachen. Im „Gesetz zur effektiveren und praxistauglicheren Ausgestaltung des Strafverfahrens" ist diesbezüglich in § 26 Abs. 1 Satz 2 StPO-neu vorgesehen, dass dem Angeklagten aufgege-

---

50 Vgl. als Beispiel dafür BGH wistra 2014, 437; NStZ 2009, 168; NJW 2005, 2466.

51 Däubler-Gmelin, StV 2001, 359.

52 Vgl. LR-Siolek, StPO, § 26 a Rn 27; § 29 Rn 6; Vgl. etwa zum NSU-Verfahren: Friedrichsen, in: Welt N24 v. 30.05.2017: „Es verging viel Zeit, die der Senat mühsam mit der Bescheidung von Anträgen und der Entgegennahme von Stellungnahmen füllte. Einzelne Verteidiger, vor allem die des Mitangeklagten Ralf Wohlleben, hielten den Fortgang des Prozesses überdies mit Befangenheitsanträgen auf, die jeweils in zeitraubender Prozedur erledigt werden mussten."; oder zum Koblenzer Neonaziprozess: Sundermann, in Zeit online vom 16.05.2017: „In Koblenz wurde der Prozess aber nicht (vom Gericht) verschleppt, in der Regel wurde an drei Tagen pro Woche verhandelt. Zu Verzögerungen kam es meist durch Befangenheitsanträge oder Krankmeldungen von Angeklagten."

ben werden kann, seinen Antrag schriftlich zu begründen, wie schon von den OLG-Präsidenten gefordert. Auch ist in § 29 Abs. 1 StPO-neu vorgesehen, dass trotz unmittelbar vor Beginn der Hauptverhandlung gestellter Befangenheitsanträge diese bis zur Verlesung des Anklagesatzes durchgeführt werden kann.[53]

Diese beiden Änderungen sind, wie vom Strafkammertag zutreffend festgestellt, als Schritt in die richtige Richtung zu werten.[54]

Der Gesetzgeber sollte sich jedoch überlegen, weitere Vorschläge der Praxis aufzugreifen, nämlich zum einen für die Entscheidung über Befangenheitsanträge eine spezielle Kammer vorzusehen und zum anderen die Frist zur Bescheidung von Befangenheitsanträgen deutlich zu verlängern.

Hinsichtlich des Vorschlags, durch eine Änderung von § 27 StPO die Zuständigkeit für die Entscheidung über Befangenheitsanträge einer speziellen Strafkammer zuzuweisen, gilt zunächst, dass damit in der rechtspolitischen Diskussion Neuland betreten wird. § 27 Abs. 2 StPO könnte wie folgt geändert werden:[55]

> Wird ein richterliches Mitglied der erkennenden Strafkammer abgelehnt, so entscheidet eine andere Strafkammer dieses Gerichts in der für Entscheidungen außerhalb der Hauptverhandlung vorgeschriebenen Besetzung. Einer Entscheidung bedarf es nicht, wenn der Abgelehnte das Ablehnungsgesuch für begründet hält. Anderenfalls legt die erkennende Strafkammer das Gesuch durch zu begründenden Beschluss außerhalb der Hauptverhandlung der zur Entscheidung berufenen Strafkammer vor.

Zu ergänzen wäre dies - soll mit einer solchen Neuregelung tatsächlich eine Verfahrensvereinfachung verbunden sein - um einen folgenden Absatz 3:

> Eine Überprüfung der Entscheidung dieser Strafkammer findet ausschließlich im Revisionsverfahren statt. Dies gilt auch, wenn ein Mitglied dieser Strafkammer als befangen abgelehnt wird, es sei denn, der Abgelehnte hält das Ablehnungsgesuch für begründet.

Die derzeitige gesetzliche Regelung sieht in § 27 Abs. 2 StPO für die Strafkammern vor, dass bei Ablehnung eines Richters die Strafkammer in der für Entscheidungen außerhalb der Hauptverhandlung vorgeschriebe-

53 BR-Drs. 796/16, 527/17.

54 Insoweit unterstützend auch die Stellungnahme des Deutschen Richterbundes zum Referentenentwurf des Gesetzes zur effektiveren und praxistauglicheren Ausgestaltung des Strafverfahrens vom Juli 2016 - Nr. 13/16.

55 So die Vorschläge der OLG-Präsidentenkonferenz von 2010 und 2015.

nen Besetzung entscheidet. In Rechtsprechung und Literatur ist ferner anerkannt, dass der abgelehnte Richter durch einen anderen Richter der Strafkammer oder durch den geschäftsplanmäßigen Vertreter ersetzt wird. In Fällen nacheinander eingehender und unterschiedlich begründeter Ablehnungsgesuche ist eine sukzessive Entscheidung in der Reihenfolge der Gesuche erforderlich.[56] Diese Regelung, die zur Folge haben kann, dass ein halbes Landgericht mit den Befangenheitsanträgen aus einem einzelnen Verfahren beschäftigt ist,[57] sollte ersetzt werden durch eine Regelung, wonach eine spezielle, für die Bescheidung von Befangenheitsanträgen zuständige Kammer beim Landgericht über diese Anträge entscheidet ("Befangenheitsantragskammer"), nachdem die abgelehnte Kammer einen (Nicht-)Abhilfebeschluss erlassen hat. Durch einen solchen (Nicht-)Abhilfebeschluss wird durch die abgelehnte Kammer der Sachstand zusammengefasst und lässt sich der Arbeitsaufwand für die entscheidende Kammer begrenzen. Sofern auch die Mitglieder dieser Kammer abgelehnt werden, sollte diese eine Entscheidung treffen müssen, deren Überprüfung ausschließlich im Revisionsverfahren stattfinden sollte.

Diese Regelung hätte den Vorteil, dass von vorneherein feststünde, wer für die Entscheidung über Befangenheitsanträge zuständig ist. Fehler bei der Auswahl des gesetzlichen Richters sind damit ausgeschlossen. Auch eine nachhaltige Verkürzung der Rechtsposition des Angeklagten ist damit nicht verbunden, denn eine Überprüfung der Entscheidung der Kammer findet im Revisionsverfahren statt.

Gleiches gilt für den weiteren Vorschlag, die Frist zur Bescheidung von Befangenheitsanträgen deutlich zu verlängern, nach dem Votum des Strafkammertages auf 3 Wochen.

In der Praxis führt die wiederholte Stellung von Ablehnungsanträgen derzeit dazu, dass ein erheblicher Zeitdruck aufgebaut wird, der die Fortführung der Hauptverhandlung nicht nur erheblich verzögert, sondern auch die Fehleranfälligkeit erhöht. Oftmals werden Ablehnungsanträge erst am Ende eines Verhandlungstages gestellt. Die dienstlichen Äußerungen der abgelehnten Richter können dann der zur Entscheidung berufenen Vertreterkammer erst am nächsten Morgen zur Verfügung gestellt werden. Auch die Vertreterkammer ist bei der Beschlussfassung vielfach durch ei-

---

56 Meyer-Goßner-Schmitt, StPO, 60. Aufl., § 27 Rn 4; LR-Siolek, StPO, § 27 Rn 35; BGH NStZ 1996, 144.

57 Vgl. dazu BGH NStZ 2008, 473: neben den Richtern der Kammer waren 10 weitere, in Strafkammern tätige Berufsrichter des Landgerichts abgelehnt.

gene Verhandlungstermine zeitlich eingeschränkt. Wenn dann an den nächsten beiden Tagen weitere Fortsetzungstermine anstehen, ist der Zeitraum für die Entscheidung über den Befangenheitsantrag sehr kurz bemessen. Dies kann insbesondere bei umfangreichen Akten für die Vertreterkammer zu erheblichem Zeitdruck führen bzw. die abgelehnte Kammer dazu zwingen, einzelne Verhandlungstage ausfallen zu lassen, was die gesamte Zeitplanung durcheinander bringt und mit erheblichem zusätzlichem Arbeitsaufwand - sowohl für die Kammer als auch für die Serviceeinheiten - wegen notwendiger Umladungen führt. Zur Ermöglichung einer sorgfältig abgewogenen, beratenen und begründeten Entscheidung über den Befangenheitsantrag ist es deshalb sinnvoll, die Zeit, innerhalb der über die Befangenheit entschieden werden muss, länger zu bemessen.[58]

Das Restrisiko für die Kammer, in der Phase der Entscheidungsfindung über den Befangenheitsantrag bei dessen Begründetheit vergeblich zu verhandeln, ist gerade in Verfahren, in denen Befangenheitsgesuche vorwiegend taktisch motiviert zum Zwecke der Verzögerung und der Fehlerprovokation gestellt werden,[59] vertretbar. Schließlich soll es sich nach dem Vorschlag des Strafkammertags nur um 3 Wochen handeln. Der Vorteil, durch den Befangenheitsantrag nicht im geplanten Verfahrensablauf gestört zu werden, überwiegt dieses Risiko bei weitem und verringert das Risiko von Verfahrensfehlern. Schließlich hat es die abgelehnte Kammer selbst in der Hand, bei Ablehnungsgesuchen, die sie zwar selbst für unbegründet hält, sich einer entsprechenden Wertung durch die zur Entscheidung berufene Kammer aber nicht sicher ist, mit ihrem Programm bis zur Entscheidung nur in eingeschränktem Umfang fortzufahren.

Anders verhält es sich bei den **Besetzungsrügen**. Die Frage der Besetzung der Kammer wird nur einmal, und zwar zu Beginn der Hauptverhandlung, relevant. Der Vorschlag der OLG-Präsidentenkonferenz von 2015, durch eine Vorabentscheidung über die Besetzungsrüge verbindlich und endgültig zu entscheiden, könnte also zu einer wesentlich effektiveren Verfahrensgestaltung führen in dem Sinne, dass oft monate- oder jahrelange Hauptverhandlungen nicht wiederholt werden müssen, wenn sich erst später im Revisionsverfahren herausstellen sollte, dass die Kammer nicht ordnungsgemäß besetzt war. Um in das bestehende System möglichst we-

58 Vergleiche schon Vorschlag der OLG-Präsidentenkonferenz von 2010 und 2015, s.o.

59 Vgl. als Beispiel für ein solches Verfahren BGH NStZ 2011, 294.

nig einzugreifen, soll hier vorgeschlagen werden, diese vorgezogene Rüge nach revisionsrechtlichen Gesichtspunkten und mit Entscheidungszuständigkeit beim BGH auszugestalten. Die Frist zur Begründung der Rüge sollte allerdings dem im Vergleich zur Revisionsbegründung geringeren Prüfungsgegenstand angepasst werden. Ferner sollte eine Frist normiert werden, innerhalb derer der BGH über die Besetzungsrüge zu entscheiden hat. Wenn sich diese auf beispielsweise 2 Monate beläuft, dann hat zwar die Kammer bei fehlerhafter Besetzung möglicherweise immer noch bis zu dieser Entscheidung „umsonst" verhandelt, dies erscheint aber im Vergleich zum gegenwärtigen Befund teilweise jahrelanger Hauptverhandlungen, die dann wiederholt werden müssen, vertretbar. Im Übrigen sollte dieser Regelungsvorschlag mit einer Präklusionsregelung verbunden werden, wie sie der Strafkammertag vorgeschlagen hat. Danach soll die Besetzungsrüge 2 Wochen nach Zugang der Besetzungsmitteilung ausgeschlossen sein. Wenn die Besetzungsmitteilung weit vor Beginn der Hauptverhandlung zugeht und die Besetzungsrüge erhoben wird, kann die oben beschriebene Vorabentscheidung ebenfalls deutlich früher ergehen.

3. Teil: Fazit

Die Strafkammerdatenerhebung war für die beteiligten Landgerichte, aber auch für die Organisationsabteilung des Oberlandesgerichts Celle mit einem großen Arbeitsaufwand bei der Erhebung und Aufarbeitung der Daten verbunden. Anschließend mussten die enormen Datenmengen ausgewertet werden. Das vorliegende Buch verschafft nur einen kleinen Einblick in die erhobenen Daten. Eine weitere, wissenschaftliche Auswertung wäre wünschenswert, wenngleich einer solchen Auswertung durch die vereinbarte Anonymisierung Grenzen gesetzt sind.[60] Sie war „mit Bordmitteln" nicht zu leisten. Dennoch hat die Strafkammerdatenerhebung interessante Erkenntnisse erbracht und jedenfalls für den Bezirk des Oberlandesgerichts Celle auch konkrete Konsequenzen im Bereich des Personaleinsatzes gehabt.

Die einzelnen Fakten, die sich aus der Datenerhebung ergeben haben, sollen hier nicht noch einmal wiederholt werden. Ihre Bedeutung gewinnen sie insbesondere deshalb, weil ihnen eine Auswertung von über 11.000 abgeschlossenen Strafkammerverfahren zugrunde liegt. Der weitere Reformprozess im Bereich des Strafverfahrensrechts bleibt abzuwarten. Es wäre wünschenswert, wenn dieses Buch den Anlass dafür bieten könnte, auch Aspekte in die Reformdiskussion mit einzubeziehen, die bislang nicht im Fokus standen. Damit meine ich insbesondere die im gegenwärtigen deutschen Recht herrschenden hohen Anforderungen an die Bestimmung des gesetzlichen Richters. Wünschenswert wäre natürlich auch, wenn sich ganz allgemein die Erkenntnis durchsetzen könnte, dass eine Personalausstattung nach PEBB§Y nicht ausreicht, um den spezifischen Situationen der großen Strafkammern bei den Landgerichten gerecht zu werden.

60 Für eine wissenschaftliche Auswertung konnte zunächst Frau Prof. Dr. Weßlau von der Universität Bremen gewonnen werden, die jedoch im April 2014 leider verstorben ist.

Anhang: Änderungen der Geschäftsverteilung im laufenden Geschäftsjahr - oder: Der Drahtseilakt zwischen Beschleunigungsgebot und gesetzlichem Richter

Vortrag auf dem Tag der Präsidien am 10.07.2014 - *(aktualisierte Fassung September 2016 - so veröffentlicht in der Handreichung „Best Practice - Empfehlungen zur organisatorischen Bewältigung von Haftsachen und Vermeidung von Haftbefehlsaufhebungen", Eigendruck des Niedersächsischen Justizministeriums, Dezember 2016)*

Im Folgenden sollen die rechtlichen Rahmenbedingungen für Änderungen der Geschäftsverteilung im laufenden Geschäftsjahr dargestellt werden.

Alle unterjährigen Änderungen des Geschäftsverteilungsplanes eines Gerichtes sind in rechtlicher Hinsicht zu messen an der Garantie des gesetzlichen Richters aus Art. 101 Abs. 1 Satz 2 GG. Aus Art. 101 Abs. 1 Satz 2 GG folgt das Gebot, die zur Entscheidung berufenen Richter so eindeutig und genau wie möglich durch eine generell abstrakte Regelung für ein Geschäftsjahr im Voraus zu bestimmen (vgl. dazu BVerfG, NJW 2005, 2689 m.w.N). Das Bundesverfassungsgericht hat jedoch klargestellt, dass dieses Gebot Neuregelungen während des laufenden Geschäftsjahres nicht ausschließt, da die Rechtsprechungstätigkeit der Gerichte immer wieder auch mit nicht vorhersehbaren Ereignissen und Entwicklungen konfrontiert wird, wie Überlastung, unzureichender oder ungleiche Auslastung, Ausscheiden oder langfristige Verhinderung einzelner Richter. Solche Umstände erfordern ein Eingreifen des Spruchkörpers oder des Präsidiums, um die Effizienz des Geschäftsablaufs zu erhalten oder wieder herzustellen, so BVerfG, B. v. 16.02.2005, 2 BvR 531/08, NJW 2005, 2689. Das Bundesverfassungsgericht hat in dieser Entscheidung zugleich festgestellt, dass eine nachträgliche Änderung der Geschäftsverteilung sogar geboten sein kann, wenn nur auf diese Weise dem Verfassungsgebot einer Gewährleistung von Rechtsschutz innerhalb angemessener Zeit, insbesondere einer beschleunigten Behandlung von Strafsachen, nachzukommen ist.

Diese verfassungsrechtlichen Vorgaben sind bei der Auslegung von § 21 e Abs. 3 Satz 1 GVG zu berücksichtigen, in dem die nachträglichen

Änderungen der Geschäftsverteilung im laufenden Geschäftsjahr einfachgesetzlich geregelt sind.

§ 21 e Abs. 3 Satz 1 GVG lautet:

> „Die Anordnungen nach Absatz 1 dürfen im Laufe eines Geschäftsjahres nur geändert werden, wenn diese wegen Überlastung oder ungenügender Auslastung eines Richters oder Spruchkörpers oder infolge Wechsels oder dauernder Verhinderung einzelner Richter nötig wird."

Bei der Auslegung dieser Vorschrift ist dabei zusätzlich zu berücksichtigen, dass nach der Rechtsprechung des Bundesverfassungsgerichts, die vom Bundesgerichtshof übernommen wurde, nachträgliche Änderungen im Geschäftsverteilungsplan nicht nur einer reinen Willkürprüfung unterliegen, sondern einer vollen Rechtmäßigkeitsprüfung (vgl. dazu BVerfG, NJW 2005, 2689; NJW 2012, 2334).

Im Folgenden soll daher zunächst dargestellt werden, welche Anforderungen an die Auslegung des Tatbestandsmerkmals der „Überlastung" gestellt werden, da dies bei der Auslegung des § 21 e Abs. 3 Satz 1 GVG sicherlich die Tatbestandsvoraussetzung ist, die die meisten Auslegungsschwierigkeiten aufwirft. Im Anschluss sollen dann die rechtlichen Rahmenbedingungen für die Handlungsmöglichkeiten des Präsidiums dargestellt werden.

1. Zur Feststellung der Überlastung

1.1. Definition

Die sowohl vom Bundesgerichtshof als auch von den Standardkommentaren zugrunde gelegte Definition des Tatbestandsmerkmals der „Überlastung" i.S. von § 21 e Abs. 3 GVG lautet wie folgt:

> „Überlastung liegt vor, wenn über einen längeren Zeitraum ein erheblicher Überhang der Eingänge über den Erledigungen zu verzeichnen ist, so dass mit einer Bearbeitung der Sachen innerhalb eines angemessenen Zeitraums nicht zu rechnen ist und sich die Überlastung als so erheblich darstellt, dass der Ausgleich nicht bis zum Ende des Geschäftsjahres zurückgestellt werden kann." (BGHSt 53, 268; StV 2014, 6; Meyer-Goßner, StPO, 58. Aufl., § 21 e GVG Rn 14).

Bereits der letzte Halbsatz dieser Definition, nämlich dass sich die Überlastung als so erheblich darstellen muss, dass der Ausgleich nicht bis zum Ende des Geschäftsjahres zurückgestellt werden kann, führt bereits zu einer ersten wichtigen Einschränkung im Hinblick auf die Art der Verfahren, die Anlass geben können, wegen Überlastung eine Neuverteilung im laufenden Geschäftsjahr vorzunehmen: Vor dem Hintergrund der bereits zitierten strengen Rechtsprechung des Bundesverfassungsgerichts im Hinblick auf die Garantie des gesetzlichen Richters dürfte nämlich bereits fraglich sein, ob mit dem Ausgleich von Überlastungen bei allen Nichthaftsachen nicht bis zum Jahresende gewartet werden kann. Hier sind m. E. Ausnahmen denkbar im Bereich der Jugendstrafsachen, in denen allgemein der Beschleunigungsgrundsatz gilt, und auch bei anderen Nichthaftsachen, etwa wenn Verjährung droht. Liegt ein solcher Ausnahmefall nicht vor, dürfte die Notwendigkeit einer unterjährigen Änderung jedoch nur schwer zu begründen sein. Es ist daher auch nicht weiter verwunderlich, dass in der Rechtsprechung die Frage der Rechtmäßigkeit unterjähriger Änderungen des Geschäftsverteilungsplans - soweit erkennbar - immer Haftsachen betrifft.

Festzuhalten bleibt allerdings, dass schon diese Frage, also die Frage der Erheblichkeit der Überlastung im Hinblick auf die Möglichkeit zur Zurückstellung der Änderungen bis zum Jahresende, mit einer gewissen Unsicherheit behaftet ist. Diese Unsicherheiten werden umso größer, je näher man sich mit der Auslegung der übrigen Bestandteile der gängigen Überlastungsdefinition befasst, die auch im Übrigen unbestimmte Rechtsbegriffe enthält. Fraglich ist etwa, was mit einem „angemessenen" Zeitraum gemeint ist, fraglich ist ebenfalls, ab wann ein Überhang der Eingänge als „erheblich" anzusehen ist.

1.2. Parallelität zu § 121 StPO

Für die Konkretisierung dieser beiden unbestimmten Rechtsbegriffe ist m. E. auf die Rechtsprechung zu § 121 StPO zurückzugreifen. Es kann unter dem Gesichtspunkt der Einheit der Rechtsordnung kein Zweifel daran bestehen, dass § 21 e Abs. 3 GVG und § 121 StPO im Hinblick auf die Frage, ab wann eine Kammer überlastet ist, gleich auszulegen sind. Genauer gesagt bedeutet dies, dass eine Überlastung einer Kammer, die nach § 121 StPO keinen wichtigen Grund zur Aufrechterhaltung des Haftbefehls darstellen würde, weil sie durch justizorganisatorische Maßnahmen vermeidbar gewesen wäre, ausreichend sein muss für eine nachträgliche Änderung der Geschäftsverteilung wegen einer Überlastung der Kammer nach § 21 e Abs. 3 GVG oder für andere justizorganisatorische Maßnahmen.

Zu der Frage, welche Überlastungen einen wichtigen Grund i.S. von § 121 StPO darstellen, gibt es umfangreiche Judikatur. Danach sind kurzfristige Überlastungen, die weder voraussehbar noch vermeidbar waren, ein wichtiger Grund für eine Verlängerung der Haft (Karlsruher Kommentar-Schultheiss, StPO, 7. Aufl., § 121 Rn 18; Graf-Kraus, StPO, § 121 Rn 14; OLG Stuttgart StV 2011, 749; OLG Düsseldorf StV 2001, 695; OLG Koblenz NStZ 1997, 252; OLG Frankfurt StV 1983, 379). Daraus folgt, dass bei allen anderen Überlastungen, also solchen, die nicht mehr nur kurzfristig oder zwar kurzfristig, aber voraussehbar oder vermeidbar waren, eine vorherige Entlastung der Kammer (oder eine andere justizorganisatorische Maßnahme) erforderlich und damit zulässig nach § 21 e GVG gewesen wäre. Die entscheidende Frage ist danach, ab wann eine Überlastung nicht mehr kurzfristig i.S. dieser Rechtsprechung zu § 121 StPO ist.

a) Nicht nur kurzfristige Überlastung - 3-Monats-Faustregel?

Zu dieser Frage konnte lange Zeit eine Faustregel als einigermaßen gesichert gelten, nämlich dass dann ein Verstoß gegen das Beschleunigungsgebot nach § 121 StPO vorliegt, wenn die Hauptverhandlung nicht innerhalb von 3 Monaten nach Eröffnungsbeschluss oder Eröffnungsreife beginnen konnte (vgl. dazu Karlsruher Kommentar-Schultheiss, a.a.O., Rn 21; BVerfG NJW 2006, 672, Rdnr. 76; StV 2007, 366; StV 2008, 421; KG StraFo 2010, 26; OLG Nürnberg StraFo 2008, 496; zur Eröffnungsreife: BVerfG, B. v. 22.01.2014, 2 BvR 2248/13; BVerfG StRR 2011, 246; OLG Nürnberg StV 2011, 39). Übertragen auf den Zeitraum zwischen Anklageerhebung und Beginn der Hauptverhandlung hält hier das Kammergericht einen Zeitraum von mehr als 4 Monaten für nicht mehr hinnehmbar (KG, a.a.O.).

Eröffnungsreife ist dabei dann gegeben, wenn die Einlassungsfrist nach § 201 StPO abgelaufen ist und das Gericht den Inhalt der Akten umfassend geprüft hat (OLG Nürnberg, a.a.O.). Letzteres ist sicherlich sehr vom Umfang der Akten und damit von den Umständen des Einzelfalls abhängig. Zu berücksichtigen ist aber, dass dann, wenn das Gericht bereits eine Haftentscheidung getroffen hat, also dringenden Tatverdacht bejaht hat, nach Ablauf der Einlassungsfrist jedenfalls dann regelmäßig sofort Eröffnungsreife anzunehmen ist, wenn in den Stellungnahmen der Verteidigung keine neuen Gesichtspunkte vorgetragen werden (dazu auch BVerfG StRR 2011, 246).

Ob die 3-Monats-Faustregel (oder 4 Monate ab Anklageeingang) immer noch uneingeschränkt zur Anwendung kommen kann, ist jedoch mindestens fraglich nach der jüngeren Rechtsprechung des Bundesgerichtshofs.

In dem der Entscheidung des BGH vom 07.01.2014 (5 StR 613/13, NStZ 2014, 287) zugrunde liegenden Sachverhalt war am 22.01.2013 eine Hilfsstrafkammer gebildet worden für die bei der zu entlastenden Kammer im Januar eingegangenen und noch eingehenden Sachen. Dabei hatte es sich faktisch um nur ein Verfahren gehandelt. Nach entsprechender Rüge hielt diese Entscheidung des Präsidiums revisionsgerichtlicher Kontrolle nicht stand, da die Überlastung der Kammer nicht hinreichend belegt gewesen sei. Der BGH führt aus, dass die Sache ab Mai 2013 hätte terminiert werden können. Ein Zeitraum von 4 Monaten zwischen Eingang der Sache und Beginn der Hauptverhandlung sei grundsätzlich nicht zu beanstanden. Allein die Erwartung, nicht in allen Verfahren die Haftprüfungsfrist des § 121 StPO einhalten zu können, reiche nicht aus, um die nachträgliche Änderung des Geschäftsverteilungsplanes zu rechtfertigen. Dies gelte umso mehr, als der Präsidiumsbeschluss lediglich gut 3 Wochen nach dem Inkrafttreten des neuen, für die Dauer eines Jahres angelegten Geschäftsverteilungsplanes gefasst wurde. Der BGH führt aus, dass ein erhöhter Begründungsaufwand für die Notwendigkeit des Eingriffs in das Recht auf den gesetzlichen Richter bestanden habe sowohl wegen dieser Neuverteilung schon im Januar, also wegen des Eingriffs in das Prinzip der Stetigkeit, als auch deswegen, weil von der Übertragung letztlich nur eine einzelne, bereits anhängige Sache betroffen war. Im Hinblick darauf hätte es für die Neuverteilung einer „besonders dringlichen Notlage“ bedurft, an der es gefehlt habe.

Eine ähnliche Argumentation findet sich bereits in der Entscheidung des BGH vom 10.07.2013 (2 StR 116/13, StV 2014, 6): Der BGH hat auch dort die Ableitung eines einzelnen Verfahrens in eine andere Kammer als rechtswidrig angesehen, da keine Überlastung bestanden habe, die zu unangemessenen Bearbeitungszeiten geführt hätte: Es sei grundsätzlich nicht zu beanstanden, wenn mit der Verhandlung eines gegen mehrere Angeklagte gerichteten Verfahrens nicht innerhalb von 4 Monaten ab Eingang begonnen werden könne. Es liege fern, die Frage, ob eine unangemessene Bearbeitungszeit vorliege, nach starren Fristen zu beurteilen. Insbesondere gebe es keinen Grundsatz, der dazu veranlassen müsste, in jedem Fall einen Monat nach Eingang des Verfahrens über dessen Eröffnung zu entscheiden.

Auch in seiner Entscheidung vom 25.03.2015 (5 StR 70/15, StV 2015, 749) hat der 5. Strafsenat bekräftigt, dass die Haftprüfungsfrist des § 121 Abs. 1 StPO keinen starren, für alle Verfahren gleichermaßen geltenden Zeitpunkt festlegt, wann mit der Hauptverhandlung einer Sache nach Inhaftierung oder Anklageerhebung zu beginnen ist. Allein der befürchtete Fristablauf rechtfertige grundsätzlich keine Umverteilung eines oder mehrerer bereits anhängiger Verfahren. Allerdings dürfe die Haftprüfungsfrist bei der durch das Präsidium vorzunehmenden Würdigung auch nicht völlig ausgeblendet werden, da sie zu frühzeitigem Eingreifen der Gerichtsorganisation zwingen könne. In dem dieser Entscheidung zugrunde liegenden Fall hielt der BGH die Bildung einer Hilfsstrafkammer am 22.01.2014 für gerechtfertigt, da insbesondere und im Gegensatz zu den bereits genannten Entscheidungen eine rein zukunftsgerichtete Maßnahme getroffen worden war. Das Präsidium hatte beschlossen, dass die bis zum 28.02.2014 bei der Kammer eingehenden Haftsachen, in denen die Frist des § 121 StPO vor dem 02.06.2014 ablaufe, in die Zuständigkeit der Hilfsstrafkammer gelangen sollten. Vorausgegangen war eine umfassend dokumentierte Überlastungssituation, insbesondere aufgrund zweier umfänglicher neu eingegangener Verfahren, weshalb neu eingehende Haftsachen frühestens ab Mitte Juli 2014 terminiert werden konnten. Da diese beiden Verfahren bei der Beschlussfassung des Präsidiums mit der Jahresgeschäftsverteilung 2014 nicht vorausgesehen hätten werden können, sah der 5. Strafsenat des BGH auch keinen Verstoß gegen das Prinzip der Stetigkeit.

Nach diesen drei Entscheidungen des Bundesgerichtshofs stellt sich die grundsätzliche Frage, wie sich diese BGH-Rechtsprechung zu der bislang in der Rechtsprechung des Bundesverfassungsgerichts und der Oberlandesgerichte anerkannten Faustregel verhält. Geht man davon aus, dass der BGH die Rechtsprechung des Bundesverfassungsgerichtes nicht explizit missachten will, ist die Rechtsprechung des Bundesgerichtshofs wohl so zu verstehen, dass jedenfalls keine schematischen Betrachtungen vorgenommen werden dürfen, in dem Sinne, dass in jedem Fall, in dem die Dreimonatsfrist nicht gewahrt ist, eine Neuverteilung der Geschäfte erfolgen darf. Insbesondere lässt sich aus den drei aktuellen BGH-Entscheidungen ableiten, dass Neuverteilungen, die jeweils nur eine einzelne Sache betreffen, allein mit dieser Begründung kaum zu rechtfertigen sind.

Im Folgenden sollen noch zwei Beispielsfälle dargestellt werden, in denen das OLG Celle jeweils einen Verstoß gegen das Beschleunigungsgebot nach § 121 StPO angenommen hat, weil trotz Überlastung keine gerichtsorganisatorischen Maßnahmen getroffen worden sind, also Fälle, in denen nach Auffassung des Oberlandesgerichts eine Überlastungssituation i.S. des § 21 e Abs. 3 GVG vorgelegen hat:

In dem Fall, der der Entscheidung OLG Celle, StV 2002, 150, zugrunde gelegen hat, war in der betroffenen Kammer die Anklage Ende August 2001 eingegangen, dies war zugleich der Beginn der Belastungssituation durch Eingang zahlreicher Haft- und Nichthaftsachen. Im Oktober 2001 ging dann eine Überlastungsanzeige des Vorsitzenden der Kammer ein, wonach eine Terminierung nicht vor Februar 2002 möglich gewesen ist. In dem sich anschließenden Präsidiumsbeschluss war die Bildung einer Hilfsstrafkammer abgelehnt worden, da kein Personal zur Verfügung stünde. Das OLG hat hier die Kammer als nicht mehr nur kurzfristig überlastet angesehen mit der Folge, dass eine Entlastung erforderlich gewesen wäre.

In dem dem Beschluss des OLG Celle vom 22.07.2013, 32 HEs 7/13, zugrunde liegenden Fall hatte der Vorsitzende der betroffenen Kammer Anfang April 2013 der Staatsanwaltschaft mitgeteilt, dass in der betreffenden Sache eine Hauptverhandlung mit Sicherheit nicht innerhalb der Sechsmonatsfrist stattfinden könne, vielmehr frühestens im September 2013. Ende Mai 2013 war dann in dieser Sache die Anklage eingegangen, Mitte Juni 2013 hatte der Vorsitzende in seiner Überlastungsanzeige mitgeteilt, dass eine Terminierung frühestens im November 2013 möglich sei. Das Präsidium hat daraufhin eine Entlastung der Kammer ab August 2013 beschlossen, wonach eine Hauptverhandlung ab Mitte Oktober möglich gewesen wäre. Das OLG hat auch in diesem Fall entschieden, dass die Überlastung der Kammer nicht mehr nur kurzfristig gewesen sei, auch vor dem Hintergrund, dass in mehreren Verfahren wegen der Überlastungssituation nicht zeitnah terminiert werden konnte.

b) Terminierungsdichte

Wird das Präsidium in einer Belastungsanzeige mit der Situation konfrontiert, dass eine Kammer in einem oder mehreren bereits anhängigen Verfahren oder den zu erwartenden nächsten eingehenden Verfahren nicht innerhalb der o.g. drei Monate wird terminieren können, stellt sich allerdings nicht nur die Frage, ob dies nach der aktuellen Rechtsprechung Anlass zu justizorganisatorischen Maßnahmen gibt. Es stellt sich auch die Frage, ob bei höherer Terminierungsdichte in der Kammer oder etwa durch Aufhebung bereits terminierter Nichthaftsachen oder deren weiträumigere Terminierung eine frühere Terminierung der betroffenen kritischen Haftverfahren erreicht werden kann. Auswahl und Dichte der Terminierung von Verfahren betrifft sicherlich den Kernbereich der richterlichen Unabhängigkeit. Allerdings sind auch zu diesem Bereich im Rahmen der Rechtsprechung zu § 121 StPO zahlreiche Entscheidungen ergangen, die der Vorsitzende - und das Präsidium bei der Beurteilung der Belastungssituation - berücksichtigen müssen. An dieser Stelle soll dazu nur beispielhaft verwiesen werden auf die Kommentierung bei Karlsruher-Kommentar-Schultheis, a.a.O., § 121 StPO, Rn 20.

Exemplarisch sei hier hingewiesen auf die in der Rechtsprechung der Oberlandesgerichte und des Bundesverfassungsgerichts vielfach angesprochene Pflicht, in bereits terminierten Nichthaftsachen die Termine wieder aufzuheben, um die Verhandlung einer Haftsache zu ermöglichen (OLG Hamm StV 2006, 481; OLG Düsseldorf, StV 2001, 695; OLG Frankfurt, StV 1994, 329; OLG Celle, NdsRpfl. 2007, 123; BVerfG NJW 2006, 672). Eine solche Vorgehensweise ist natürlich unter arbeitsökonomischen Gesichtspunkten extrem ärgerlich, insbesondere wenn sie mehrfach erfolgen muss. Angesichts der Rechtsprechung zum Beschleunigungsgrundsatz in Haftsachen ist sie aber wohl unausweichlich. Häufen sich solche Terminsaufhebungen wegen immer wieder neu eingehender Haftsachen, sollte das Anwachsen der Bestände an Nichthaftsachen in der Kammer allerdings Anlass geben, bei der nächsten Jahresgeschäftsverteilung über die Einrichtung weiterer regulärer Strafkammern nachzudenken.

1.3. Verhandlung mit Vertretern

Kommt das Präsidium zur Überzeugung, dass eine Überlastungssituation gegeben ist, besteht jedoch immer noch nicht sogleich Handlungsbedarf für das Präsidium: Zunächst ist zu prüfen, ob in den betroffenen Verfahren, in denen „innerhalb eines angemessenen Zeitraums mit einer Bearbeitung nicht zu rechnen ist“, eine Hauptverhandlung unter Heranziehung von Vertretern möglich ist. Dies stellt keine Maßnahme des Präsidiums dar, sondern ist vielmehr grundsätzlich von dem Vorsitzenden des betroffenen Spruchkörpers festzustellen. Zuständig für eine solche Feststellung ist aber der Präsident, wenn ein Richter aus einem anderen Spruchkörper heranzuziehen ist (Karlsruher Kommentar-Diemer, a.a.O., § 21 e GVG Rdnr. 10, Kissel/Mayer, GVG, 8. Aufl., § 21 e Rn 148). Die Verhinderung eines Richters bedarf der Feststellung allerdings nur dann, wenn sie nicht offensichtlich ist (Kissel, a.a.O., Rn 145). Für die Verhinderung des Vorsitzenden gilt dabei wie für die Beisitzer § 21 f GVG.

Im Rahmen der Rechtsprechung des Bundesverfassungsgerichts zu § 121 StPO ist anerkannt, dass längere Verzögerungen durch Urlaub durch Inanspruchnahme der Vertretungsregelungen vermieden werden müssen (Karlsruher-Kommentar-Schultheis, a.a.O., § 121 Rn 21; BVerfG NStZ 1994, 93; NJW 1994, 2081*)*. In seinem Beschluss vom 27.10.1993 (NStZ 1994, 93) hat das Bundesverfassungsgericht diesbezüglich zwei Grundsätze formuliert:

- bei einer nur kurzfristigen Urlaubsabwesenheit von Kammermitgliedern ist es jedenfalls bei größeren Verfahren regelmäßig nicht geboten, von der Vertretungsregelung Gebrauch zu machen (nicht mehr anzunehmen bei Urlaubszeiten über 2,5 Monate bei bereits über 18 Monaten Untersuchungshaft);
- bei größeren Verfahren ist bei Urlaub des Vorsitzenden oder Berichterstatters auch eine Verhandlung mit deren Vertretern wegen der notwendigen Einarbeitungszeit wenig zweckmäßig; dies gilt aber regelmäßig nicht für die Person des zweiten Beisitzers.

Beispielhaft zitiert sei die Entscheidung BVerfG StV 2007, 366 Rn 40 ff. Hier hatte das Bundesverfassungsgericht einen Verstoß gegen das Beschleunigungsgebot unter Rückgriff auf die o.g. Faustregel angenommen, wonach dem Beschleunigungsgebot regelmäßig nur dann Genüge getan ist, wenn innerhalb von 3 Monaten nach Eröffnung des Hauptverfahrens mit der Hauptverhandlung begonnen wird. Das Bundesverfassungsgericht hat dazu ausdrücklich darauf hingewiesen, dass mit Blick auf den Jahresurlaub des Vorsitzenden zu prüfen sei, ob dies ein hinreichender Grund für die unterbliebene Terminierung gewesen sei, da für Fälle der Verhinderung durch die Vertretungsregelung im Geschäftsverteilungsplan Vorsorge getroffen sei. Es werde zu untersuchen sein, ob für den Vorsitzenden Richter Anlass bestanden hätte, im Hinblick darauf seine Verhinderung festzustellen.

2. *Maßnahmen des Präsidiums nach § 21 e Abs. 3 GVG*

Im Folgenden soll dargestellt werden, welche Maßnahmen das Präsidium treffen kann, sobald es sich davon überzeugt hat, dass eine Überlastung einer Kammer i.S. der vorstehenden Ausführungen gegeben ist.

Zwar gilt für die Präsidiumstätigkeit grundsätzlich, dass die Mitglieder des Präsidiums in richterlicher Unabhängigkeit unter dem Schutz des Art. 97 Abs. 1 GG handeln, unabhängig davon, welche Auffassung zur Rechtsnatur der Präsidiumstätigkeit vertreten wird (Löwe-Rosenberg-Breidling, StPO, 26. Aufl., § 21 e GVG Rn 6). Das Präsidium sollte sich jedoch an rechtliche Rahmenbedingungen halten, da einzelne Maßnahmen des Präsidiums in der Revisionsinstanz oder bei der Haftprüfung in Strafsachen einer vollen Rechtmäßigkeitsüberprüfung unterworfen sind (s.o. BVerfG, NJW 2012, 2334; BGH, B. v. 12.01.2016, 3 StR 490/15).

Sofern also eine Hauptverhandlung auch unter Heranziehung von Vertretern im Hinblick auf den Beschleunigungsgrundsatz nicht rechtzeitig möglich ist, ist das Präsidium gefragt, Maßnahmen zu treffen. Als solche Maßnahmen kommen dabei grundsätzlich die nachfolgend aufgelisteten in Betracht. Dabei dürfte - im Hinblick auf die Tiefe des Eingriffs in das Recht auf den gesetzlichen Richter - grundsätzlich auch die nachfolgend dargestellte Reihenfolge bei der Prüfung denkbarer Maßnahmen einzuhalten sein. Auch die Dokumentations- und Begründungstiefe dürfte sich in der dargestellten Reihenfolge erhöhen.

Bei allen Maßnahmen ist dabei stets zu berücksichtigen, dass gewährleistet sein muss, dass durch die Maßnahme die Effizienz des Geschäftsablaufs erhalten oder wieder hergestellt werden muss (BGH, B. v. 12.05.2015, 3 StR 569/14, NStZ 2016, 124; BGH, B. v. 12.01.2016, 3 StR 490/15; BGHSt 53, 268 Rn 10). Dies wurde etwa von BVerfG, NJW 2005, 2689 verneint: Dort war nur eine einzelne überschaubar und schnell zu verhandelnde Sache einer anderen Kammer zugewiesen worden. Auch „scheibchenweise" Einzelzuweisungen je nach konkreter, momentaner Belastungssituation sind unzulässig (BGH, B. v. 12.01.2016, 3 StR 490/15).

Folgende Maßnahmen kommen in Betracht, wobei diese zunächst dargestellt werden sollen, um dann im Anschluss noch auf zwei allgemein geltende Gesichtspunkte einzugehen:

a) Bestellung eines weiteren zeitweiligen Vertreters
b) Abhängen vom Turnus o.Ä.
c) Zuweisung eines weiteren Richters

d) „Ableitung" von Verfahren in andere Strafkammern
e) Bildung einer Hilfsstrafkammer
f) Bildung einer Hilfsstrafkammer auch unter Heranziehung von Zivilrichtern
g) Bildung einer neuen Strafkammer.

a) Bestellung eines weiteren zeitweiligen Vertreters

Wenn die an sich ausreichende Vertretungskette infolge unvorhergesehener (BGH NStZ 2015, 716) Ereignisse versagt oder weil alle Richter der Vertretungskette verhindert sind, dann ist die Bestellung eines weiteren zeitweiligen Vertreters für den Einzelfall durch das Präsidium nach § 21 e Abs. 3 GVG ausnahmsweise zulässig (vgl. dazu KK-Diemer, StPO, § 21 e GVG Rn 8; Kissel, a.a.O., § 21 e Rn 143; BGH NStZ 1991, 195; NStZ-RR 2010, 184; BGHSt 27, 209).

Unzulässig ist es jedoch, eine auf wenige Tage befristete Zuweisung vorzunehmen wegen der Verhinderung des Vorsitzenden, etwa durch Vorbereitung einer umfangreichen Sache (BGH NJW 1986, 1884).

Nach Bundesverfassungsgericht, B. v. 27.10.1993 (NStZ 1994, 93), muss dabei „gegebenenfalls sogar auf Richter zurückgegriffen werden, die nach der Geschäftsverteilung nicht Strafsachen bearbeiten, sondern andere richterliche Geschäfte erledigen, da Haftsachen grundsätzlich Vorrang genießen".

b) Abhängen vom Turnus (oder vergleichbare Maßnahmen)

Kommt die Durchführung einer Hauptverhandlung unter Heranziehung von Vertretern nicht in Betracht, etwa weil auch alle anderen Kammern ausgelastet sind oder weil die in Betracht kommenden Vertreter zu den vorgesehenen Hauptverhandlungsterminen verhindert sind, hat das Präsidium weitere Maßnahmen zu prüfen. Dabei sind im Hinblick auf das Prinzip des gesetzlichen Richters zunächst diejenigen Maßnahmen zu wählen, die am wenigsten in diesen Grundsatz eingreifen. Dies dürften m.E. diejenigen Maßnahmen sein, die allein die noch nicht anhängigen Verfahren betreffen. Dieses Stufenverhältnis, also dass im Hinblick auf die Eingriffstiefe in das Recht auf den gesetzlichen Richter zunächst die noch nicht anhängigen Verfahren neu zu verteilen sind, ergibt sich aus der Entscheidung des BVerfG vom 18.03.2009, NJW 2009, 1734. Dort heißt es, dass nur „in Ausnahmefällen“ eine Neuverteilung ausschließlich bereits anhängiger Verfahren erfolgen darf. Der Grund dafür dürfte sein, dass sich für die noch nicht anhängigen Verfahren der Anspruch auf den gesetzlichen Richter noch nicht auf einen (oder mehrere) bestimmte Richter konkretisiert hat (so auch BGH NStZ 2009, 651 (652) = BGHSt 53, 268, aktuell bestätigt durch BGH NStZ 2016, 124).

Eine solche Maßnahme, die nur neu eingehende Sachen betrifft, ist das Abhängen der überlasteten Kammer vom Turnus der eingehenden Sachen. Gleichzustellen sind hier Änderungen im Bereich der örtlichen Zuständigkeiten, Neuaufteilungen der Buchstabenzuständigkeit oder vergleichbare Maßnahmen.

c) Zuweisung eines weiteren Richters an die überlastete Kammer

Als nächst mildere Maßnahme im Hinblick auf den Eingriff in das Recht auf den gesetzlichen Richter ist die Zuweisung eines weiteren Richters an den überlasteten Spruchkörper zu sehen. Auch eine große Strafkammer, die nicht Schwurgericht ist, kann mit drei Beisitzern besetzt sein (BGH NJW 2004, 1118; BVerfG wistra 2004, 336; KK-Diemer, a.a.O., § 21 e GVG Rn 6). Durch eine solche Zuweisung eines weiteren Richters wird zwar auch für bereits anhängige Sachen in das Recht auf den gesetzlichen Richter eingegriffen. Allerdings bleibt es bei der Zuständigkeit des Spruchkörpers und wird allein dessen Zusammensetzung geändert.

d) Ableitung von Verfahren

Reicht auch die Zuweisung eines weiteren Richters an die Kammer nicht aus, um die Überlastung zu beseitigen, ist die Ableitung von Verfahren zu prüfen, also die Zuweisung einzelner Verfahren von der überlasteten Strafkammer an andere Strafkammern. Eine solche Ableitung lag etwa der Entscheidung des BGH vom 10.07.2013, 2 StR 116/13, zugrunde, in der der BGH das Vorliegen der Voraussetzungen von § 21 e Abs. 3 GVG für eine nachträgliche Änderung der Geschäftsverteilung letztlich verneint hat. Vor der Gründung einer Hilfsstrafkammer sollte m.E. immer geprüft werden, ob eine Ableitung von Verfahren aus der überlasteten Kammer in andere - nicht ausgelastete - Kammern in Betracht kommt, denn im Hinblick auf das Prinzip des gesetzlichen Richters dürfte dies einen milderen Eingriff darstellen als die Bildung eines neuen Spruchkörpers.

Bei der Ableitung von Verfahren (und auch bei der Bildung von Hilfsstrafkammern) stellt sich die Frage, ob dies auch oder ausschließlich für bereits anhängige Verfahren zulässig ist.

Das Bundesverfassungsgericht hatte zunächst in seiner Entscheidung von 2005 (BVerfG NJW 2005, 2689) klargestellt, dass die Neuverteilung auch bereits anhängiger Verfahren zulässig ist, wenn die Neuregelung generell gilt, also mehrere anhängige und eine unbestimmte Zahl künftiger Fälle erfasst, nicht aus sachwidrigen Gründen erfolgt und die Neuverteilung geeignet ist, die Effizienz des Geschäftsablaufs zu erhalten und wieder herzustellen. Dies sei ersichtlich nicht der Fall, wenn nur eine Sache neu verteilt werde, die absehbar nur drei Hauptverhandlungstage benötige. In dieser Entscheidung hatte das Bundesverfassungsgericht noch offen gelassen, ob eine Neuverteilung ausschließlich anhängiger Verfahren zulässig ist. In der - oben bereits erwähnten - Entscheidung BVerfG NJW 2009, 1734 hat das Bundesverfassungsgericht dann klargestellt, dass eine solche Neuverteilung ausschließlich anhängiger Verfahren in Ausnahmefällen zulässig ist, nämlich wenn nur so dem verfassungsrechtlichen Beschleunigungsgebot, insbesondere in Haftsachen, angemessen Rechnung getragen werden kann und eine umfassende Dokumentation und Darlegung der Erforderlichkeit dieser Maßnahme erfolgt (so auch BGHSt 53, 268 Rn 10). Das Bundesverfassungsgericht hat dabei in dieser Entscheidung eine solche Maßnahme auch für Haftsachen als zulässig angesehen, in denen der Haftbefehl außer Vollzug gesetzt war.

Der Bundesgerichtshof hat in einer Entscheidung vom 30.07.1998 (5 StR 74/97 - BGHSt 44, 161) gebilligt, dass auch nur eine einzelne, bereits abhängige Sache neu verteilt worden ist, wobei allerdings die dieser Neuverteilung zugrunde liegende Formulierung des Präsidiumsbeschlusses abstrakt gehalten war („Die bei der Strafkammer 6 im April 1996 eingegangenen und dort noch anhängigen Hauptverhandlungssachen, soweit es sich … um Haftsachen handelt, die noch nicht terminiert sind …"). Der BGH hielt in diesem Urteil die Neuverteilung dieser einzelnen, bereits anhängigen Sache für sachgerecht, da eine weitere Entlastung der Kammer nicht erforderlich und daher auch nicht geboten gewesen sei. In der aktuellen, bereits zitierten Entscheidung des BGH vom 07.01.2014 wird diese Rechtsprechung fortgeführt und die Neuverteilung einer einzelnen, bereits anhängigen Sache als in „besonders dringlichen Notlagen" für zulässig angesehen. Notwendig ist jedenfalls eine allgemeine Formulierung der Kriterien, nach denen die - bzw. das einzelne - Verfahren neu verteilt werden. In den Kommentaren finden sich diesbezüglich deutliche Sätze wie „Die Zuweisung eines einzelnen anhängigen Verfahrens ist unzulässig“ (LR-Breidling, § 21 e GVG Rn 47) oder „Die spezielle Zuweisung bestimmter einzelner Verfahren ist ausgeschlossen“ (LR-Siolek, § 60 GVG Rn 11).

Wichtig ist, dass eine abstrakte Formulierung bei Zuweisung einer einzelnen Sache auf keinen Fall ausreicht. Erforderlich ist auf jeden Fall, dass durch die Maßnahme der Überlastung der Kammer effektiv entgegen gewirkt werden kann (BGH, B. v. 04.05.2016, 3 StR 358/15) und dies ausreichend dokumentiert wird.

e) Bildung einer Hilfsstrafkammer

Kommen die zuvor genannten Maßnahmen zur Entlastung des überlasteten Spruchkörpers nicht in Betracht, ist - als Maßnahme des Präsidiums (vgl. dazu Kissel, a.a.O., § 60 Rn 13; BGHSt 21, 260) - die Gründung einer Hilfsstrafkammer in Erwägung zu ziehen. Ein Vorsitzender einer Hilfsstrafkammer kann auch ein Richter am Landgericht sein (BGHSt 31, 389; BGHSt 33, 303; LR-Siolek, § 60 GVG Rn 13; jetzt auch KK-Diemer, a.a.O., § 21 f GVG Rn 1; anders immer noch Kissel, a.a.O., § 60 Rn 14). Unzulässig ist es allerdings, eine Hilfsstrafkammer über mehrere Jahre hinweg bestehen zu lassen (KK-Diemer, a.a.O., § 21 e GVG Rn 7; BGHSt 33, 303: ab dem dritten Jahr).

Wird eine Hilfsstrafkammer auch für bereits anhängige Sachen eingerichtet, sind unbedingt die im Urteil des BGH vom 09.04.2009 (BGHSt 53, 268 = NStZ 2009, 651) aufgestellten Voraussetzungen zu beachten:[61]

---

61 Aktuell ist ferner auf die Entscheidung BVerfG, B. v. 23.12.2016, 2 BvR 2023/16, StraFO 2017, 64 hinzuweisen: Danach liegt eine generell-abstrakte Regelung im Geschäftsverteilungsplan, wie sie von Art. 101 Abs. 1 Satz 2 GG gefordert wird, bei der Neuverteilung bestehender Zuständigkeiten nur dann vor, wenn die Neuverteilung durch den Geschäftsverteilungsplan selbst erfolgt. Dies ist nicht der Fall, wenn die Regelungen im Einzelfall sowohl die Neuverteilung als auch die Beibehaltung bestehender Zuständigkeiten ermöglichen und dabei die konkreten Zuständigkeiten von Beschlüssen einzelner Spruchkörper abhängig machen. Im zugrunde liegenden Fall hatte das Präsidium in dem Beschluss zur Errichtung der Hilfsstrafkammer bestimmt, dass diese zuständig sein sollte für alle Verfahren, die seit einem bestimmten Datum bei der zu entlastenden Kammer eingegangen waren

- Der Präsidiumsbeschluss über die Errichtung einer Hilfsstrafkammer und die Übertragung auch bereits anderweitig anhängiger Sachen an diese ist zu begründen.
- Mängel dieser Begründung können spätestens bis zur Entscheidung der Hilfsstrafkammer über einen in der Hauptverhandlung erhobenen Besetzungseinwand behoben werden.
- Die Dokumentation der Gründe für die Errichtung der Hilfsstrafkammer ist jedenfalls auf Antrag an die Verfahrensbeteiligten zu übersenden.
- Durch das Revisionsgericht erfolgt eine volle Rechtmäßigkeitsprüfung, nicht nur eine Willkürprüfung.

f) Hilfsstrafkammer unter Heranziehung von Zivilrichtern

Aus verschiedenen Formulierungen in der Rechtsprechung lässt sich entnehmen, dass bei der Besetzung von Hilfsstrafkammern in erster Linie auf Strafrichter zurückgegriffen werden sollte. Eine Bildung einer Hilfsstrafkammer unter Heranziehung von Zivilrichtern komme, so heißt es, „notfalls" oder „unter Umständen" in Betracht (KK-Schultheiss, a.a.O., § 121 Rn 18; Graf-Kraus, StPO, § 121 Rn 15; OLG Celle, StV 2002, 150; OLG Düsseldorf StV 2001, 695; BVerfG 36, 264, Rn 23).

---

und bis zu einem bestimmten Datum (5 Tage nach dem Präsidiumsbeschluss) nicht eröffnet worden sind.
Diese Stichtagslösung verhindere die generell-abstrakte Zuständigkeitsbegründung im Voraus, weil sie die Zuständigkeit des jeweiligen Spruchkörpers von einem später eintretenden Umstand abhängig mache. Eine solche Delegation der Entscheidung über die Geschäftsverteilung an die Spruchkörper, die gerade Adressaten der generell-abstrakten Zuständigkeit sein sollten, sei mit Art. 101 Abs. 1 Satz 2 GG unvereinbar.
Verfassungsrechtlich unerheblich sei der Umstand, dass das Präsidium des Landgerichts erwarten konnte, innerhalb dieses Zeitraums werde keine Eröffnungsentscheidung getroffen. Denn für die Wahrung des gesetzlichen Richters gemäß Art. 101 Abs. 1 Satz 2 GG komme es nicht darauf an, welche Erwartungen das Präsidium dahingehend hegt, ob von einer Übertragung der Zuständigkeitsverantwortung Gebrauch gemacht wird. Entscheidend sei, dass der Geschäftsverteilungsplan eine derartige Übertragung von Zuständigkeitsbestimmungen grundsätzlich nicht vorsehen dürfe.

g) Bildung einer neuen ordentlichen Strafkammer

Als letztes Mittel zur Entlastung der überlasteten Strafkammer ist die Bildung einer neuen ordentlichen Strafkammer im laufenden Geschäftsjahr in Betracht zu ziehen. Zusammenfassend lässt sich sagen, dass bei einer kurzfristigen Überlastung i.S. von § 121 StPO keine Maßnahmen zu treffen sind, sofern diese kurzfristige Überlastung nicht vorhersehbar war. Bei einer vorübergehenden Überlastung kommt die Bildung einer Hilfsstrafkammer in Betracht. Und bei einer dauernden Überlastung ist schließlich, als letztes Mittel, die Bildung einer neuen ordentlichen Strafkammer in Betracht zu ziehen (vgl. dazu BGH NJW 2000, 1580; zu dieser Abgrenzung auch LR-Siolek, § 60 GVG Rn 9).

h) Zeitpunkt der Maßnahme

Abschließend ist zu berücksichtigen, dass je nach Zeitpunkt des Eintritts der Überlastung von der Rechtsprechung unterschiedliche Voraussetzungen an den Begründungsaufwand für eine Neuverteilung gestellt werden. Erfolgt die Neuverteilung schon zu Beginn des Jahres, ist der Begründungsaufwand entsprechend höher, jedenfalls bei einer Neuverteilung bereits im Januar (vgl. dazu BGH, Beschluss vom 07.01.2014, 5 StR 613/13). Dieser Grundsatz, also dass der Begründungsaufwand umso höher ist, je zeitlich näher die Jahresgeschäftsverteilung zurückliegt, lässt sich nicht unbedingt auf eine Neuverteilung gegen Ende des Jahres übertragen. In dem der Entscheidung BGH NJW 2000, 1580 zugrunde liegenden Fall etwa erfolgte die Neuverteilung am 23. Dezember. Dies wurde vom BGH in dieser Entscheidung nicht beanstandet (dort: Rn 16). Dies ist auch plausibel, denn durch eine einzelne neu eingehende Haftsache kurz vor Ende des Jahres kann im Hinblick auf den Beschleunigungsgrundsatz dringender Handlungsbedarf gegeben sein. Im Übrigen ist der Jahresgeschäftsverteilungsplan für das Folgejahr am 23.12. des Vorjahres regelmäßig bereits aufgestellt. Führt hingegen eine einzelne, im Januar neu eingehende Haftsache zu einer Überlastung der Kammer, spricht viel dafür, dass diese bereits bei Aufstellung des Jahresgeschäftsverteilungsplans überlastet war. Auch insoweit dürfte jedoch gelten, dass bei einem außergewöhnlichen Umfang der Haftsache auch schon im Januar eine Neuverteilung gerechtfertigt sein kann (bei „besonders dringlicher Notlage“, s.o., so angenommen in BGH, B. v. 25.03.2015, NStZ 2015, 658). Denn wenn die

Überlastung nur vorübergehend ist, besteht kein Grund zur Errichtung einer neuen - dauerhaften - ordentlichen Strafkammer (so auch LR-Siolek, § 60 GVG Rn 8: Einrichtung einer Hilfsstrafkammer kann auch zu Beginn eines Geschäftsjahres erfolgen).

i) Rückübertragung bei Wegfall der Überlastung?

Schließlich, und dies ist eine positive Botschaft, ist eine Rückübertragung neu verteilter Sachen bei Wegfall der Überlastung nicht erforderlich (vgl. dazu Meyer-Goßner, StPO, § 21 e GVG Rn 14; KK-Diemer, a.a.O., § 21 e GVG Rn 14; BGH NStZ-RR 2006, 67 (Becker)).

3. Fazit

Betrachtet man die zahlreichen dargestellten rechtlichen Probleme, die bei nachträglichen Änderungen der Geschäftsverteilung zu lösen sind, kann daraus nur die Schlussfolgerung gezogen werden, dass die Aufstellung des Jahresgeschäftsverteilungsplans so sorgfältig wie möglich erfolgen sollte, um unterjährige Änderungen möglichst entbehrlich zu machen. Es sollten jedenfalls so viele große Strafkammern eingerichtet werden, dass die zu erwartende Anzahl an Haftsachen ohne nachträgliche Änderungen bewältigt werden kann. Dabei erscheint eine Orientierung an der höchsten Anzahl an Haftsachen aus den vergangenen Jahren sinnvoll. Im Übrigen folgt aus den obigen Ausführungen, dass Neuverteilungen durchaus zulässig, aber ausführlich zu begründen sind. Dabei steigt die Begründungs- und Dokumentationspflicht mit der Eingriffstiefe im Hinblick auf den gesetzlichen Richter nicht nur für den Präsidiumsbeschluss, sondern auch für die Überlastungsanzeige. Bei der Neuverteilung anhängiger einzelner Sachen ist jedenfalls größte Vorsicht geboten.

FSC
www.fsc.org
MIX
Papier | Fördert
gute Waldnutzung
FSC® C083411

Kolibri 360 GmbH
Ferdinand-Jühlke-Straße 7
99095 Erfurt, Deutschland
produktsicherheit@kolibri360.de